KB269134

쇼크

원스렌 지음 | 안유옥 옮김

한국경제신문

原書名 | 供過於求的世界
著者 | 溫世仁
出版社 | 天下遠見出版股份有限公司

미래학의 대가 앨빈 토플러도 인정했던 미래학 전문가 윈스렌 선생은 현실과 미래에 대한 통찰력과 예측력이 뛰어났으며 그것을 바탕으로 한발 앞서 실천하는 사람이었다. 한 예로, 그는 중국 감숙성(甘肅省) 고랑현(古浪县) 황양천(黃羊川)이라는 외진 벽촌에 컴퓨터 등의 자재를 무료로 제공하여 그곳 학생들이 공업사회를 거치지 않고 직접 농업사회에서 정보네트워크 사회로 진입할 수 있게 함으로써 자신들의 미래를 준비하게 해주었다. 그는 이 황양천이라는 마을을 통해 '천향만재(千鄕萬才)' 계획을 수립하고 실천하기 시작했다(천향만재 계획이란 황양천과 같은 마을 1,000개를 만들고 그 안에서 1만 명의 인재를 배양·고용한다는 생각에서 출발한 계획—옮긴이).

《공급과잉쇼크》에서도 윈 선생의 미래에 대한 탁월한 생각과 견해를 엿볼 수 있다. 그가 언급했다시피 모든 재화의 세계적 공급과잉 문제, 특히 인적자원의 공급과잉으로 인한 현 사회의 실업문제는 심각하다. 원 선생은 이런 문제들을 해결하려면 자금을 쌓아놓고 쓰지 않는 동아시아의 소비를 진작시켜 자금의 유동성을 높이고 새로운 비즈니스 모델을 끊임없이 개발해야 하며, 이러한 방법을 통해 실업문제도 동시에 해결할 수 있다고 보았다.

물론 이런 문제들은 어느 한 부분만 손을 댄다고 해결할 수 있는 문제가 아닌, 사슬고리처럼 연결된 일련의 문제다. 원 선생은 이 책에서 지금의 공급과잉 문제가 초래된 원인을 분석하고 그 대책을 제시하고 있다.

따라서 이 책은 우리나라의 심각한 실업문제를 해결해야 하는 과제를 책임지고 있는 경제정책 입안자뿐만 아니라 현장에서 경제를 책임지고 있는 경영자가 필독해야 하는 저서다.

한편 웰빙을 추구하는 이 시대에 그가 제시한 장수옥사업, 수명보장사업, 그리고 나노사업 및 소속감사업 등은 변화에 대처하는 사람이라면 누구나가 한 번 고려해 볼 만한 사업이다.

끝으로 원 선생의 비서 장아이쭈(張愛珠) 덕분에 다시 한번 원 선생의 글을 접할 수 있게 된 것에 감사하며, 미래를 준비하는 모든 독자에게 이 책이 작게나마 도움이 될 수 있기를 바란다.

2005년 5월

안 유 옥

공급과잉의 위기를 돌파하라

린쭈지아(林祖嘉)
대만 정치대학 경제학과 교수

2004년 12월 윈스렌 선생이 돌아가셨다는 청천벽력 같은 소식을 들었다. 2주 전만 해도 상해에서 열린 세계 화교 기업가 정상회의에서 윈 선생을 만났고 회의 참가자들 모두 선생이 강연한 '천향만재' 계획 속의 황양천 이야기를 듣고 아주 감동했었는데 갑자기 이런 소식을 들으니 놀랍고 안타까울 따름이다. 천향만재 계획은 중국의 빈곤을 덜어줄 뿐 아니라 중국인, 나아가 전 세계 사람들의 잠재능력을 개발하기 위한 방법을 제시하고 있다. 황양천 사례는 인간이 과학기술을 이용해 빈곤을 타파한 귀감이 될 것이다. 비록 윈 선생은 없지만 선생의 가족과 지인들의 노력으로 천향만재 계획이 계속 추진되기를 바란다.

얼마 전 까오시쥔(高希均) 교수가 원 선생의 유고 원고《공급
과잉쇼크》를 가져와 추천사를 요청했다. 원고를 다 읽고 얻은
것이 많았다. 원 선생은 늘 어려운 문제를 쉽게 풀어 쓰는 편이
라 독자들도 아주 쉽게 이 글을 이해할 수 있을 것이다.

근래 국내외 원자재가격이 폭등해 공급부족 현상이 나타났
기에 일부 독자는 공급과잉이 더 이상 존재하지 않는다고 느낄
수도 있다. 그러나 최근 몇 년 동안 국제 원자재가격이 상승한
주요 원인은 중국 대륙의 수요가 크게 증가했기 때문이다. 이
책에서 이야기하고 있는 공급과잉은 여전히 존재할 뿐 아니라
점차 심각해지고 있다.

각 장의 내용을 간략히 설명하자면 다음과 같다.

1장 : 위기에 처한 공급과잉의 세계

원 선생은 지금이 공급과잉의 세계라고 지적하고 있다. 지식
경제 시대에는 기술진보가 빠르며 지식도 쉽게 얻을 수 있어
도처에 '규모의 경제(생산 규모의 확대에 따른 생산비 절약 또는 수
익향상의 이익)' 현상이 나타난다. 이로 인해 대량생산이 빚어진
다. 더욱이 중국 대륙은 생산 대열에 진입한 후 염가의 노동력
을 이용해 급속도로 성장했고 세계적 제조공장이 됐다.

동아시아의 4마리 용은 본래 노동집약형 산업으로 이름나 있

었다. 그들이 중국 대륙의 공장 설립에 투자한 후 생산 규모는 배로 증가했고 공급과잉 현상은 전 세계로 퍼졌다. 이에 저마진시대가 도래했다. 생산자의 한계이윤이 감소하자 사람들은 생산능력을 확대하여 전체이윤을 증가시키고자 했고 대량생산을 추구할 수밖에 없었다.

공급과잉 현상은 제조업에만 있는 것이 아니다. 지식산업에도 존재한다. 컴퓨터산업과 인터넷사회가 빠르게 발전하자 정보가 폭발적으로 증가하는 현상이 나타났다. 정보의 공급과잉으로 인해 쓰레기 정보가 범람했고, 인터넷 사용자들은 정보를 여과하고 필요한 정보를 효과적으로 찾아내는 방법을 몰라 당황했다.

노동시장에도 공급과잉 현상이 나타났다. 원래 아시아의 4마리 용은 대개 노동집약형 위주의 제품을 생산했으며 그 제품들의 주요 판로는 바로 수출시장이었다. 그런데 갑자기 중국 대륙의 13억 인구가 생산 대열에 합류하게 된 것이다. 지금까지 보면 중국 대륙의 연안지역과 도시지역에 거주하는 몇억 명만이 생산에 투입됐을 뿐, 8억 명이 넘는 농업 인구는 아직 생산 대열에 많이 참여하지 못한 상태인데도 생산과잉과 수출과잉 현상이 빚어졌다. 염가의 수출제품 때문에 주변국의 제품은 적체됐고, 이들 산업에서 실업 인구가 증가하기 시작했다. 이러한 현상은 홍콩, 대만, 한국, 일본에서 나타나고 있다.

원 선생은 기업경영자가 공급과잉 현상에 대처하기 위한 방안으로 몇 가지 방법을 제시했다. 정리해 보면 다음과 같다.

1. 기업의 생산 규모는 그다지 클 필요가 없다. 생산에 필요한 최적의 규모를 채택하기만 하면 된다. 이른바 최적의 규모란 '최대 활동을 펼칠 수 있는 최소 규모'다.

2. 반드시 경쟁자를 이해해야 한다. 절대로 경쟁자의 규모확장 전략에 부화뇌동하여 맹목적으로 움직여서는 안 된다. 경쟁 상대방이 아닌 산업현황을 거시적으로 이해해 판단 지표로 삼아야 한다.

3. 최종 수요에서 출발해야 한다. 그래야만 시장수요를 확실히 파악하는 동시에 신속하게 수요를 만족시킬 수 있다.

4. 새로운 시장수요와 가치관을 찾아야 한다. 이렇게 해야 경쟁자들 사이에서 한발 빨리 새로운 시장을 창조할 수 있다.

2장 : 공급과잉과 신흥시장 동아시아

공급은 급속하게 늘어나는데 수요가 부족하면 공급과잉이 초래된다. 원 선생은 동아시아가 20억 인구라는 생산력을 구비했을 뿐 아니라 방대한 잠재적 소비력을 갖고 있다고 판단했

다. 따라서 미래의 경제발전은 다음 4가지 방향으로 나아가야
한다고 주장했다.

1. 새로운 소비자 수요를 개발해야 한다. 그 중에서도 과학기
   술 제품 이외에 서비스업 수요는 매우 중요하다. 이 새로
   운 시장 수요는 제조업체의 비즈니스 모델이 되는 주요 근
   원이기도 하다.
2. 시장을 개방해서 외국 제품을 들여오고 소비를 촉진해야
   한다. 소비는 확장성을 지니고 있기 때문에 신상품을 시장
   으로 끌어들이면 그 주변 제품에 대한 수요도 따라서 증가
   할 것이다.
3. 인터넷사회를 건설해야 한다. 정보 인프라를 확충하여 사
   람들의 소비지식과 능력을 강화해야 한다.
4. 공급경제를 소비경제로 바꿔 나가야 한다. 소비는 결국 모
   든 경제활동의 최종 목적이다. 게다가 소비경제는 서비스
   업의 발전을 자극해 많은 취업기회를 창출하므로 실업문
   제도 해결할 수 있다.

과거 몇 년 동안 동아시아 각국의 소비성장이 생산성장보다
낮았던 원인 중의 하나는 중국 대륙 인민들의 소비가 저조했기

때문이다. 중국에서는 1997년부터 거의 매년 통화긴축 현상이 나타났는데, 이처럼 중국의 소비가 저조했던 이유는 1997년부터 대규모 체제개혁을 진행했기 때문이다.

여기에는 주택개혁, 교육개혁, 의료개혁이 포함된다. 인민들은 원래 기관에서 임대해 준 집에서 거주했으나 주택개혁이 실시되자 자기가 돈을 부담하여 집을 사야 했다. 하지만 집값이 십수만 위안에 달하기 때문에 인민들은 집을 사기 위해서는 부지런히 저축을 해야 한다는 압박감을 느끼게 됐다. 또한 교육개혁으로 대학교의 수업료가 크게 올랐으며, 의료개혁과 보험 시장화로 진료와 보험 가입에도 돈을 지불해야 했다. 이처럼 주택, 교육, 의료 등 각 방면의 비용이 크게 증가하자 중국 인민들은 저축액을 증가시키는 동시에 지출을 줄였다. 그리하여 수요부족과 통화긴축이 빚어졌다.

중국이 시장화 개혁을 실시한 지 7~8년이 지난 지금 중국 인민의 저축액은 급속도로 증가했고 인민은 자신이 돈을 지불하는 소비지출에 익숙해졌다. 이에 자동차와 가전 등에 대한 소비지출이 증가하기 시작했다. 한편 2001년 말, 중국이 세계무역기구(World Trade Organization : WTO)에 가입하고 국내 시장을 대폭 개방하자 외국 제품이 대량으로 수입됐고 이는 국내 소비도 자극했다. 더욱이 중국은 외국에서 콩, 밀 등 여러 가지 주요 농작물을 수입해 국제 원자재가격을 상승시켰다.

또한 2008년에는 북경 올림픽을, 2010년에는 상해 세계 박람회를 개최할 예정이므로 중국은 기초건설에 끊임없이 투자하고 있다. 중국이 소비하는 철강, 콘크리트, 원유는 국제 원자재가격을 상승시켰고 중국 및 홍콩, 대만, 일본 등 주변국의 물가도 흔들어놓고 있다. 이는 "앞으로 동아시아 국가가 방대한 소비 잠재력을 갖추게 될 것"이라는 원 선생의 견해와 완전히 일치한다. 단지 이 같은 수요 확대가 너무 빨리, 그리고 너무 맹렬히 다가왔다는 점만이 원 선생의 예상을 빗나갔다.

3장 : 공급과잉 시대의 선택

3장에서는 미래 기업의 비즈니스 모델을 제시했다. 원 선생의 주장은 수요와 욕구가 있는 곳에 비즈니스 모델이 존재한다는 것이다. 전통적인 의식주의 욕구 이외에 원 선생은 교육, 오락, 건강, 심미 등의 욕구를 따로 언급했다.

교육산업 방면에서는 '학습혁명'의 개념을 제시하며 교내 인터넷, 원거리 교실, 가상현실 등이 모두 비즈니스 모델이라고 분석했다. 오락산업 방면에서는 집에서 즐기는 재택여행과 휴대미디어 등이, 건강산업 방면에서는 원격의료와 무통치료·장기복제 등이, 심미산업 방면에서는 아름다운 몸매와 인테리어·환경미화 등이 잠재력이 방대한 훌륭한 비즈니스 모델이라고 예측했다. 이 밖에도 원 선생은 빈곤타파 자체가 최대의 비즈니스 모델이라고 여기고 있다.

4장 : 인력의 공급과잉과 해결책

원 선생은 각국이 미래에 직면하게 될 가장 중대한 문제가 실업이라는 점을 강조했다. 중국 농업 인구의 대량방출과 수출상품의 가격하락은 주변국의 실업을 악화시켰다. 주변국들은 이러한 실업문제의 해결 방법을 강구해야 한다. 단기적으로는 사회구제, 업무조율, 소비확대 등을 통해, 장기적으로는 취업 기회 창출, 노동훈련 확대, 신중소기업의 개발 등을 통해 실업 문제에 대응할 수 있다.

재훈련이 가능한 중년 실업자에 대해서는 재훈련을 실시해야 한다. 특히 소프트웨어 학습, 영어 학습, 컴퓨터 타자 익히기 같은 기능 위주의 훈련을 실시해 그들이 빠른 시간 내에 인터넷사회와 관련한 노동으로 전환할 수 있도록 해야 한다.

재훈련이 불가능한 중년 실업자의 경우에는 노인간호, 보안 담당 같은 서비스업 일자리를 더 많이 만들어줘야 한다. 청년 실업자의 경우, 교육과 직업훈련을 연계시킴으로써 그들이 졸업과 동시에 일자리를 찾을 수 있도록 해야 한다.

이 밖에도 원 선생은 개인 창업과 관련하여 인터넷기술을 이용한 무점포, 무사무실 등 창업 원가를 낮출 수 있는 새로운 형태의 신중소기업 개념을 제시했다.

5장 : 공급과잉 시대의 창업에 대한 자세

원 선생은 현대사회의 경제체제가 첨단기술을 사용하는 전환기에 처해 있기 때문에 비즈니스 모델이 아주 많다고 여겼다. 창업하려는 사람은 몇 가지 조건을 구비해야 하는데, 그 중에서도 산업지식, 업무능력, 조직능력, 재테크능력, 자금준비력, 위기관리능력 등은 반드시 갖추어야 할 조건이다.

《공급과잉쇼크》를 종합해 보면, 원 선생은 규모의 경제가 빚어내는 공급과잉은 피할 수 없다고 보았다. 그러므로 기업이나 투자자는 이 점을 확실히 인지하여 제조업에 투자할 때 섣부르게 과도한 투자를 해서는 안 된다. 한편 과학기술과 인터넷사회가 아직 성숙하지 않았기 때문에 첨단기술 시장의 비즈니스 모델은 곳곳에 내재해 있다.

중국은 대량의 생산인력을 보유하고 있기 때문에 중국과 생산 규모로 경쟁하는 것은 비교 이익이 없다. 그러므로 중국 기업과 경쟁해야 하는 다른 나라의 기업은 서비스업에 속하는 비즈니스 모델을 연구 개발해야 한다. 그 중에서도 특히 최종 수요와 시장가치를 창조할 수 있는 비즈니스 모델을 창출해야 한다. 정부 부서의 정책도 이런 방향을 지향해야 하며 2차, 3차 투자를 지나치게 강조해서는 안 된다.

지난 1년 동안 콩, 원유, 철강, 시멘트 등 국제 원자재가격이 폭등했는데, 이는 중국의 시장 수요와 밀접하게 관련되어 있다.

2004년 2월 21일 영국 〈이코노미스트〉지는 중국을 "먹여도 배부르지 않을 거대한 한 마리 용"이라 보도했다. 무슨 원자재든 보기만 하면 게 눈 감추듯 삼켜버리기 때문이다.

이 보도에 따르면, 2003년에 중국은 전 세계 시멘트 생산량의 50%, 철강 생산량의 36%, 석탄 생산량의 30%를 소비했다고 한다. 또한 중국의 원유수입은 30% 증가했으며, 니켈수입은 배로 증가했다. 이로 인해 2002년보다 국제 철강가격은 28.1%, 콩가격은 37.7%, 석유가격은 16.4% 상승했다.

이처럼 중국의 수요가 대폭 증가한 이유는 다음 3가지 때문이다.

1. 2008년 올림픽과 2010년 상해 세계 박람회 등 대규모의 사업을 준비하고 있기 때문에 각 지역에서는 고속도로, 교

량, 거대한 빌딩 등의 토목건설이 한창이다. 이 때문에 콘크리트, 시멘트의 수요와 전력수요가 크게 증가했다.

2. 중국 인민은 다년간 저축을 해왔기에 예금보유액이 이미 크게 증가했으며, 제품시장에 익숙해지자 소비를 확대하기 시작했다. 이는 중국의 원유 및 전력수요를 대폭 증가시켰다.

3. 중국은 WTO에 가입한 후 국내 시장을 개방하고 외국 제품을 수입해 자체적으로 소비증가를 유도했다. 무엇보다도 중국은 WTO에 가입하기 위해 2006년 이전에 옥수수, 콩, 밀, 면화 등 매년 2,000만 톤의 곡물을 수입하기로 했다. 이런 주요 작물의 중국 내 가격은 국제 가격보다 비싸기 때문에 수입 개방은 반드시 국제 가격의 상승을 초래할 것이다.

앞서 언급했듯 최근 1년간 국제 원자재가격이 대폭 상승했으며, 이로 인해 몇 년간 지속되던 중국의 통화긴축은 소폭의 통화팽창으로 바뀌었다. 똑같은 상황이 대만, 일본, 홍콩 등지에서도 나타났다.

중국의 빠른 경제성장과 시장의 개방으로 인해 원자재가격의 지속적 상승은 불가피한 추세다. 다른 한편으로는 지식경제

시대의 특성, 즉 대규모 생산과 제품시장의 공급과잉 현상도
지속될 것이다.

　원 선생이 이 책에서 예견한 일들은 차례로 실현될 것이고
그가 언급한 비즈니스 모델들도 하나하나씩 나타날 것이다. 이
책은 순식간에 변화하는 시장에 대응해야 하는 개인, 기업, 국
가에게 매우 중요한 방향과 정보를 제시하고 있다. 많은 이들
이 이 책을 통해 공급과잉의 세계에서 진정한 리더로 우뚝 서
기를 바란다.

|차 례| C O N T E N T S

1

위기에 처한 공급과잉의 세계

생산증가 · 수요감소의 기이한 현상

왜 저마진 현상이 지속되는가? 기업이 노력할수록 생산은 점점 늘어나지만
상품 수요는 점점 줄어들어 기업의 매출과 이익이 줄어들기 때문이다. 이는
공업 역사상 매우 특이한 현상이다. 문제의 근원은 바로 공급과잉에 있다.

공급과잉은 기업경영과 밀접한 관계가 있다

모두 알다시피 중국의 경제성장은 세계에서 가장 빠르다. 그
중에서도 성장 속도가 가장 빠른 도시는 상해다.

지난 3년간 세계에서 가장 빨리 성장한 도시가 상해라고 해
도 과언이 아니다.

그런데 최근의 통계 수치를 보고 놀라지 않을 수 없었다. 기
존 경험으로 볼 때, 경제가 성장하면 임금이 크게 상승되며 대
학을 졸업한 신입사원의 봉급도 함께 상승된다. 하지만 2003년

상해에서 대학을 졸업하고 입사한 신입사원들의 평균 월급이 전년보다 5%나 낮아졌다. 아무도 예상치 못한 수치였다. 이렇게 특이한 상황은 한 가지 현상, 즉 인력자원의 공급과잉으로 설명할 수 있다.

오늘날 세계적인 공급과잉 현상은 인력자원에서도 확산되고 있다. 생산 라인의 노동자만 넘쳐나는 것이 아니라 지식 근로자도 넘쳐난다. 세계적인 관리이론은 대개 서방학자들이 리드하고 있으며, 특히 미국은 언제나 인력자원이 부족하여 관리이론에 주안점을 뒀다. 이 때문에 그들은 인력자원의 공급과잉이 무엇에 기인하는지 이해하지 못하고 있다. 이것이 바로 이 책이 탄생하게 된 이유다.

왜 저마진 현상이 지속되는가? 기업이 노력할수록 생산은 점점 늘어나지만 상품 수요는 점점 줄어들어 기업의 매출과 이익이 줄어들기 때문이다. 이는 공업 역사상 매우 특이한 현상이다. 문제의 근원은 바로 공급과잉에 있다.

다음 몇 가지 사례를 통해 우리가 지금 공급과잉에 처해 있다는 단서를 찾을 수 있다.

농산품의 공급과잉

먼저 농산품의 공급과잉을 보자. 공급과잉 현상은 오늘날 새로이 등장한 것이 아니다. 20세기 초 미국은 이른바 경제 대공황을 겪은 이래 경운기를 대량으로 도입하기 시작했고, 비행기 농약 살포 및 자동 수확 등의 방법을 통해 농산품의 생산량을 크게 증가시켰다. 이는 인류가 몇천 년의 기근을 겪으면서 '식량과 연관된 산물을 생산해야만 생산력을 갖추었다고 할 수 있다'는 관념을 가지고 있었기 때문이다.

공업시대 초기에는 사람들의 관념이 바뀌지 않아 농산품을 생산하는 것만이 사회적 가치가 있다고 생각했고 신발, 치약 같은 다른 공업제품은 모두 사치품으로 여겼다. 따라서 사회자원은 식량생산에 대량 투입되어 생산효율을 높이는 데 쓰였다. 산업혁명 후 공업 과학기술은 대부분 식량생산에 쓰였고, 결국 생산과잉을 초래하여 농산품의 가격이 크게 폭락했다. 이는 공장을 운영하는 것만이 사회적 가치가 있다고 여겨 인터넷 카페 같은 서비스업은 사치품으로 생각하는 것과 같다.

20세기 초에는 사회 경제제도가 아직 바뀌기 전이라 모두 쌀 같은 식량 생산에 매달렸다. 결국 농산품이 과잉되어 경제가 지속적으로 성장할 수 없었고 1929년에는 경제대공황이 발생했다. 당시에는 우유를 내다 팔 수 없어 심지어 냇가에 남는 우유를 버리는 일까지 발생했다. 우유를 가공할 역량이 안 되는데다 우유를 가공했다 하더라도 시장에서 소비되지 않았다.

당시 중국은 전쟁으로 어지럽고 심각한 식량난에 처했을 때라 이러한 것에 대해 아무런 개념도 없었다. 내가 어렸을 때만 하더라도 식량이 부족하여 어른들은 쌀 한 톨이라도 아껴야 하며 낭비하면 안 된다고 아이들을 가르쳤다. 그런데 그것도 얼마 지나지 않아 바뀌었다. 사람들은 이제 얼마만큼 먹을 것인가가 아니라 어떻게 다이어트할지를 걱정하고 있다.

통계자료에 따르면, 1900년대 미국은 인구의 49%가 농사를 지어 미국인 전체를 간신히 먹여 살렸다. 2000년에 이르러서는 농업 인구가 전체 국민의 1.9%에 불과했지만 미국 국민 전체를 먹여 살릴 수 있을 뿐 아니라 세계 최대의 식량 수출국이 됐다.

지난 100년간 인류는 공업 과학기술을 농업 생산에 활용해 왔고 이는 결국 농산품 공급과잉을 초래했다. 이 현상은 미국에서 먼저 나타났고 주변국으로 파급됐다. 지금은 극소수의 기근지역을 제외한 대부분의 지역이 농산품의 공급과잉 현상에 처해 있다.

농산품의 공급과잉은 이미 전 세계의 문제다. 요즘은 WTO든 자유무역협정(Free-Trade Agreement : FTA)이든 간에 농산품

수입 개방이 의제가 되면 각국의 분쟁이 끊이지 않는다. 다른 나라가 염가로 식품을 공급하겠다는데 왜 분쟁이 생길까? 바로 모든 나라가 공급과잉 문제에 직면해 있기 때문이다.

공업제품의 공급과잉

농산품 공급과잉에 이어 공업제품의 공급과잉이 나타났다.

제2차 세계대전이 끝난 직후에는 전 세계적으로 공업제품이 크게 부족했다. 농산품도 부족했지만 공업제품이 훨씬 더 부족했다. 소니의 창업자 모리타 아키오(盛田昭夫)가 처음으로 라디오를 만들 때는 낡은 군함 속에서 진공관을 찾아 간신히 조립에 성공했을 정도였다.

제2차 세계대전 후 일본은 전국이 침체해 있었다. 한편 미국은 과학기술이 진보해 있었으나 낮은 인구밀도로 노동력이 부족해 많은 공업제품의 생산을 다른 나라에 위탁해야 했다.

1950년대 일본은 미국의 지도 아래 염가의 노동력을 수출 위주의 공업제품 생산에 투입했다. 이를 시작으로 일본은 이후 몇십 년 동안 번영했고 완전한 공업국가가 될 수 있었다.

1960년대에 이르러 동아시아의 4마리 용이라 불리는 한국, 대만, 홍콩, 싱가포르가 공업제품의 생산 수출 대열에 끼여들었고 몇십 년 동안 큰 번영을 이뤘다. 1960년대부터 1990년대까지 30년 동안 일본과 동아시아의 4마리 용은 공업제품 수출정책으로 거액의 이윤을 창출하는 동시에 자국의 경제를 발전시켰다.

미국은 초기에 일본에 생산을 위탁하다가 원가를 더 낮추기위해 방향을 바꾸어 동아시아의 4마리 용에게 생산을 위탁했다. 일본과 동아시아 4마리 용은 미국의 생산량이 부족하고 원가가 지나치게 높아 자신들에게 발주한 덕에 성장했다고 할 수있다. 미국이 만약 중국처럼 10억이 넘는 인구를 갖고 있었다면 생산기지를 동아시아로 이전하진 않았을 것이다.

그 당시 중국 및 동남아시아의 여러 나라는 내전이나 이데올로기 대립에 빠져 있어 생산 대열에 참여하지 못했다. 만약 중국이 일찍 생산 대열에 합류했다면 오늘날 4마리 용의 경제는지금과 다른 모습이었을 것이다.

1990년 이전, 일본과 4마리 용의 인구는 2억여 명으로 아시아의 생산 엔진이었다. 그들은 제품을 생산한 후 미국과 서유럽의 6억 인구에게 팔았고, 수요와 공급이 어느 정도 균형을 이뤄 모든 것이 원만했다.

1990년대에 이르러 베를린 장벽이 무너지고 '냉전'이 끝나자동아시아 각국도 내전과 내부 투쟁을 끝내고 공업제품의 생산 수출 대열에 참여하기 시작했다. 게다가 지속적인 발전으로 일본과 4마리 용의 인건비가 상승하고 환율이 대폭 높아짐에 따라 동남아시아와 중국으로 투자가 이전됐다. 일본의 제조업체는 말레이시아, 태국 등에 공장을 짓고, 대만의 제조업체는 중국 대륙으로 건너가 공장을 지었다. 그렇게 되자 생산은 무제한으로 확대됐다.

기존의 일본과 동아시아 4마리 용의 인구 2억 명에다 동남아시아의 5억 명, 중국의 13억 명이 더해지자 동아시아의 인구 약 20억 명이 공업제품 생산 수출에 종사하게 된 것이다. 하지만 시장 규모는 미국과 서유럽의 6억 명 그대로였다.

생산에 투입된 인구가 증가한 것 외에 컴퓨터 과학기술의 발전으로 인해 1990년대에는 각 공장의 생산능력이 크게 증가했다. 이 결과 거의 모든 공업제품이 과잉생산됐고, 결국에는 1997년 동아시아 금융위기가 터졌다. 당시 많은 사람이 금융위기의 원인을 각국의 재정관리 불량, 금융추문 등의 탓으로 돌렸지만, 사실 숨겨진 진짜 원인은 바로 공업제품의 과잉생산에 있었다.

금융위기가 왜 동아시아에서만 발생하고 미국, 서유럽 같은 선진국이나 다른 후진국에서는 발생하지 않았는가? 그 해답은 당시 동아시아가 전 세계의 생산 공장화되어 있었던 사실에서 찾을 수 있다. 공업제품의 공급 초과로 인한 최대 피해자는 바로 생산공장이기 때문이다. 그래서 생산 대열에 끼지 않은 지역에서는 금융위기가 없었던 것이다.

나는《동아시아 금융위기(東亞金融危機)》라는 저서에서 동아시아 금융위기가 끝나지 않았음을 줄곧 강조했다. 금융위기는 공업제품의 공급과잉 문제가 해결되지 않는 한 언제라도 다시 초래될 것이다. 이는 태풍과 같아 충분한 힘이 모이기만 하면 다시 도래할 것이며, 그렇게 될 경우 우리는 경제쇠퇴의 곤경에서 벗어나지 못할 것이다.

인프라 및 부동산의 공급과잉

공업사회와 한 줄기인 인프라(기초시설)와 부동산에서도 아주 빠르게 공급과잉의 현상이 나타났다. 공업사회에서는 인구가 언제나 도시에 집중되며 공장 부근에서 공업제품의 생산과 판매에 종사한다. 그러므로 공장과 시장을 중심으로 공업제품이 원활히 생산되고 더 빨리 판매되도록 해주는 도로, 주택, 빌딩, 쇼핑센터 등의 인프라와 부동산이 아주 많이 건설됐다. 과거에는 이와 같은 현상이 발생한 적이 없었다.

과거 대만의 부동산가격이 떨어지리라 예측한 사람은 없었다. 사람이 많아지면 많아질수록 토지는 상대적으로 점점 더 적어지므로 부동산은 계속해서 부족할 것이라 생각했기 때문이다. 그러나 지금은 다르다. 공업제품의 공급이 초과되자 남아도는 시설과 빈집이 점점 많아지고 있다.

1997년 나는 《대만 경제의 고난과 성장(臺灣經濟的苦難與成長)》이라는 저서에서 대만 부동산가격이 2000년에 이르러 최소 40% 하락할 것이라 예측했고 불행히도 그 예상은 적중했다. 인구는 감소하기 시작하는데 부동산이 지나치게 많으면 가격은 떨어지게 마련이다. 가격은 원가에 의해 결정되는 것이 아니라 수요와 공급의 원칙에 의해 결정된다. 그러므로 부동산공급이 초과하면 가격은 당연히 하락한다.

문제가 가장 심각한 곳은 일본이다. 최근 몇 년간 일본 경제는 거의 회복되지 못할 지경에까지 이르렀다. 그 원인은 정책 착오다. 10년 전 일본 경제에 공업제품의 공급과잉 기미가 나타나기 시작했을 때, 일본 정부는 국내 경제발전을 진작하기 위해 기초건설 투자에 온 힘을 쏟아 부어 불필요한 전시관, 쇼핑센터 등을 다량 건설했다. 때문에 인프라의 공급과잉 문제가 더욱 심화됐다.

다음으로는 동아시아 여러 나라의 고속도로 건설에 따른 공급과잉 문제가 심각하다. 고속도로 건설은 결코 위대한 공사가 아니었다. 그들은 이미 너무 많은 고속도로를 건설했다. 하루에 몇 대의 차도 지나가지 않는 도로가 허다하다. 백화점, 시장을 건설하는 공사도 반이나 진행되다 중지됐다. 부동산에 이미 공급과잉 현상이 나타났기 때문이다.

판매 루트의 공급과잉

공업사회의 특성은 대량생산과 대량소비다. 공장이 제품을 무제한적으로 확대 생산하여 제품이 팔리지 않을 정도로 많아지면 더 많은 인력을 투입하거나 점포를 열어 판촉활동을 하게 된다. 그 결과 판매 루트까지 공급과잉이 초래됐다.

몇 년 전 미국은 '우리는 상점이 너무 많다' 는 사실을 놓고 토론했고, 2002년 미국의 2대 백화점인 K마트가 급기야 재무위기로 파산신청을 제출했다.

상층의 제조업체가 한꺼번에 많은 물건을 공급하게 되면 하위 단계의 판매 루트 가격은 대폭 하락한다. 이는 '더 이상 물건을 소화할 수 없다' 는 메시지를 전달하고 있는 것이다.

가격을 최저로 낮추면 제품 일부를 더 소화시킬 수는 있다. 공급과잉으로 팔리지 않을 때 감산하는 것은 괜찮지만, 일부 제조업체까지 판매시장에 진입해 소매점을 차리고 판촉활동을 벌인다면 상·중·하위 판매 루트의 공급과잉으로 산업 전체가 더욱 곤란한 상황에 빠지게 된다.

화폐의 공급과잉

과거 기업이 확장하는 데에는 시장 판로라는 난관 이외에 자금이라는 또 다른 난관이 있었다. 상층이 제조라면 하층은 판매며 생산의 근원은 바로 자금이다. 자금을 투입하지 못하면 생산을 확장할 수 없으며 생산을 확장하지 못하면 판매할 물건이 없게 된다. 그러나 1990년대로 들어선 이후 자금의 공급도 초과됐다.

각국은 건설, 교역을 위해 아무런 통제가 없는 상황에서 지폐를 대량으로 찍어냈다. 그 결과 전 세계의 통화는 전대미문의 화폐 공급과잉 현상을 나타냈다. 1999년 1월 일본 〈요미우리신문(讀賣新聞)〉에 따르면 당시 전 세계가 발행한 지폐는 372조 달러에 달했다.

그러나 전 세계 GDP가 38조~40조 달러 수준을 유지하기 위해 필요한 무역자금은 11조 달러에 불과했다. 즉 372조 달러를 발행했지만 11조 달러만 실제 경제에 쓰였고 나머지는 도박 같은 다른 곳에 쓰였을 수도 있었다는 의미다. 이 현상은 지금 더 심각해졌다. 설사 개인이 도박에 참여한 적이 없다 하더라도 개인이 은행에 저축한 돈을 금융계 인사가 도박에 사용했다면 이것이 바로 도박경제다.

전 세계가 이미 너무 많은 지폐를 찍어냈고, 화폐는 실제 가치를 잃어 해당국이 발행한 주식과 다를 바 없어졌다.

동아시아 금융위기 당시 대다수의 경제학자가 중국의 인민폐가 평가절하될 것이라 예측했지만, 나는 저서를 통해 인민폐가 평가절하되지 않을 것이라 피력했다. 당시 많은 경제학자가 "무슨 근거로 인민폐가 절하되지 않을 것이라 여깁니까?"라고 물었고, 나는 "주룽지(朱鎔基) 총리가 절하하지 않을 것이라 말했기 때문에 인민폐가 평가절하되지 않을 것이라 생각합니다"라고 대답했던 것을 생생히 기억하고 있다. 화폐는 이미 한 국가의 주식과 같아서 국가 스스로가 주식 장세를 보호해야 한다.

1989년 소련에서는 1달러가 약 1루블이었다. 하지만 지금까지 루블은 거의 6,000배 평가절하됐다. 만약 1만 달러를 루블로 환전한 사람이 지금까지 그 돈을 갖고 있다면 그 가치는 2달러도 안 되는 것이다.

현재의 화폐정책에서는 금융학자가 필요하지 않다. 각국이 발행한 지폐는 이미 실제 수요를 초과했기 때문이다. 즉 지폐가 주식과 마찬가지로 지나치게 많아졌으므로 당연히 국가 스스로 주식 시세를 보호하여 주가를 유지해야 한다.

해당국의 화폐가 평가절하되느냐 아니냐는 그 국가가 자국 지폐를 지지하느냐 아니냐를 봐야 한다. 지폐의 과다가 결코 모두 돈이 아주 많다는 것을 의미하지는 않지만, 전 세계가 이렇게 많은 지폐를 발행했다는 것은 전 세계 화폐시장이 이미 세계 최대의 주식시장으로 바뀌었음을 의미한다. 오늘날에는 화폐 매매의 손실이 기업경영의 손실을 초과하고 있다.

요즘 공장을 확장하는 것은 돈을 언제든 빌릴 수 있기 때문이지 소매 수요가 증가했기 때문은 아니다. 지금은 자금과다로 공장도 지나치게 많고 판매상점도 넘쳐나지만 제품은 팔리지 않아 산업 전체가 전면적인 적체에 놓여 있다. 저마진사업인 제조업은 물론이고 판매업 역시 이윤이 적다. 세계 10대 컴퓨터 기업 중 7대 기업이 손해를 보고 있으며, 자금줄인 은행도 속속 도산하거나 합병하고 있다. 그 배경에는 공급과잉 현상이 숨겨져 있다.

정보의 공급과잉

정보도 공급과잉이다. 이런 세상은 상상하기 어려웠다. 내가 어렸을 때는 아침에 일어나자마자 온 가족이 앞다투어 신문을 봤다. 당시에는 아무런 정보출처가 없었기 때문이다. 하지만 지금은 정보가 범람하므로 힘들여 신문을 보려 하지 않는다.

정보 매체의 종류와 수량은 이미 실제 수요를 초과했다. 인벤텍(Inventec) 그룹 가운데 투모로 스튜디오(Tomorrow Studio)는 미디어업에 종사하고 있으며, 나도 《미디어의 미래(媒體的未來)》라는 책을 쓴 적이 있다. 이 책에서 나는 미디어를 크게 8가지로 분류했다.

1. 책

과거에는 책이 정보와 지식을 얻는 주요 근원지였지만 지금은 책도 공급과잉이다. 대만과 같이 작은 나라에서도 매년 평균 3만~4만 권의 신간이 출판되고 있지만 다 읽히지 못하는 실정이다.

2. 잡지

대만에서 판매되는 잡지만도 2,000여 종이다. 이는 개인이 증여용으로 인쇄하는 잡지는 제외한 수치다.

3. 신문

대만의 신문사도 수백 개가 넘는다.

4. CD

CD도 어지러울 정도로 범람하고 있다.

책, 신문, 잡지, CD는 정보를 담아 포장한 후 소비자에게 판매하는 정태적인 매체에 속한다.

그 밖의 4가지는 동태적인 매체로 소비자에게 직접 정보가 전달된다. 그 분류는 아래와 같다.

5. 라디오

AM · FM 라디오 등이 있다.

6. TV

대만에는 TV 방송국이 너무 많아 사람들은 어느 방송국의 프로그램을 봐야 할지 갈피를 잡지 못한다. 그런데도 TV 방송국의 수는 계속 증가하고 있다.

7. 인터넷

인터넷은 전파도구일 뿐 아니라 양방향 조회도구다. 인터넷을 통해 정보를 찾는 방법은 무궁무진하다. 1997년 이후 인터넷이 보급되기 시작했고 지구상의 네티즌은 크게 증가하여 지금은 이미 7억 명을 넘어섰다. 게다가 CCTV 및 위성TV가 보급되어 전 세계 정보에 공급과잉이 빚어졌다.

8. 휴대폰

휴대폰도 또 다른 정보의 원천이다. 지금은 단문의 정보를 제공하지만 이후로는 대량의 장문 정보를 제공하게 될 것이다.

언제 어디서나 찾아볼 수 있는 정보 덕에 소비자는 물자의 생산원가를 쉽게 알 수 있게 됐다. 소비자가 컴퓨터를 한 대 산다고 할 때 인터넷을 통해 컴퓨터회사의 생산원가를 거의 알 수 있게 된 것이다. 이러한 정보의 유통은 기업이윤을 급격히 압박하고 있다.

세계 통화긴축의 주요 원인은 2가지다. 하나는 중국 대륙이 생산원가를 대폭 하락시켰기 때문이고, 다른 하나는 전자상거래(e-commerce)로 소비자와 생산자 간의 거리가 좁혀졌기 때문이다.

책, 잡지, 신문, CD, 라디오, TV, 인터넷, 휴대폰의 8대 미디어 매체는 많은 정보를 끊임없이 전송하고 있다. 하지만 정보가 많아지면 많아질수록 상대적으로 우리가 아는 것은 더욱더 적어진다. 지금은 누가 한 말을 믿어야 할지 정확히 아는 사람이 거의 없으며, 자기가 한 말이 다 옳다고 말할 수 있는 사람도 거의 없다. 이전처럼 신문에 쓰인 기사가 모두가 진리였던 시대와는 다르다. 그러므로 우리는 어떤 사람의 말이 정확한지를 매일매일 판단할 수 있어야 한다.

인력자원의 공급과잉

가장 난감한 것은 인력자원의 공급과잉 현상이다. 대만에 있는 104인력은행의 2003년 말 통계에 따르면, 2003년 대학을 졸업한 사람의 40%가 직업을 찾지 못했고 일부는 학교에 남아 계속 공부를 하고 있다. 이는 매우 심각한 문제로 그 원인은 인력의 공급과잉에 있다. 중국의 경제가 발전한다 해도 같은 문제에 봉착할 것이다.

인력자원의 공급과잉 현상은 우리가 상상도 하지 못했던 것이다. 과거 세계 경제의 발전을 이끌던 유럽과 미국은 모두 인력자원이 부족했다. 그들은 동아시아의 생산원가가 저렴했기 때문에 생산기지를 동아시아 국가로 계속 이전시켰다. 그런데 저렴한 노동력이 중국 대륙에서 대량으로 쏟아져 나오자 귀했던 인력자원도 공급이 초과됐다. 공업제품에 투입된 돈과 인재는 모두 무한정이었으므로 경제환경의 총체적인 압박감은 매우 컸다.

대만을 예로 들어보자. 20~30년 전, 내가 공장장으로 있던 때에는 생산 라인 노동자의 한 달 월급이 10~15달러였다. 당시는 5~6개월을 일해야 계산기 한 대를 겨우 살 수 있을 정도였으나 지금은 하루 임금으로도 계산기 몇 대를 살 수 있다. 10년 전에는 1년 가까이 일해야 한 대 살 수 있었던 휴대폰이 지금은 한 달 급여로도 몇 대를 살 수 있다. 인력자원의 원가는 지난 몇십 년간 100배 이상 올랐으나 제품가격은 반대로 내려갔다. 사회가 점점 발전하면서 인력자원의 가치평가가 높아져 관리비용이 점점 상승한 것이다.

전 세계의 농산품, 공업제품이 공급과잉이던 1990년대에 중국은 인력자원을 방출할 기회를 창출했다. 도시로 몰려드는 많은 사람을 제대로 수용하지 못할 경우 소요가 발생할 가능성이 있었기에 인력자원의 방출은 시급한 문제였다. 그러나 중국은 이를 적절히 통제하여 인력자원을 질서 있게 배출했다. 나는 이것이 바로 오늘날 중국 경제가 빠르게 성장할 수 있었던 중요한 요인이었다고 생각한다.

그러나 불행하게도 오늘날은 고급인력 자원도 공급과잉이다. 냉전 종식 이후 각국이 전력을 다해 경제를 발전시켰고, 정보 및 지식이 대량으로 넘쳐나자 노동력과 고급인력이 대량으로 방출됐기 때문이다. 그리하여 상해의 경우처럼 2003년 사회에 진출한 대학 졸업생의 봉급이 전년도보다 오히려 낮아졌다. 예전에 우리는 사회가 계속 발전하고 기업이 건재하면 봉급이 해마다 상승한다고 믿었으나 이제 그러한 진리는 사라졌다. 그 원인은 바로 공급과잉에 있다.

지적 재산권의 공급과잉

모든 제품이 공급과잉일 때 생산자는 창조적인 산업에 힘을 기울인다. 그래서 창조적 아이디어를 보호하기 위해 상표, 저작권, 특허, 도메인 네임 등 많은 지적 재산권(Intellectual Property : IP)을 신청한다. 그 결과 IP도 공급과잉됐다. 100개의 IP 중 90개는 쓸모없는 IP일지도 모른다.

최근 여러 기업은 대부분의 IP가 변호사의 수입만 부풀려 줄 뿐 이익으로 전환되지 않자 그처럼 많은 IP를 신청할 필요가 있는가에 대해 검토하기 시작했다. 과거 IP 신청에 매우 적극적이던 기업이 지금은 가치를 늘려줄 수 있고 제품과 이익으로 전환할 수 있는 IP를 신청하는 데 주의를 기울이기 시작한 것이다.

공급과잉의 예는 수없이 열거할 수 있지만 여기서는 비교적 구체적인 8가지 항목만 살펴봤다. 모든 물건의 공급과잉으로 인해 경쟁환경의 총체적인 압력은 점점 더 가중되어 기업은 이른바 '저마진' 시대로 접어들었다. 사실 저마진이라는 말은 그래도 점잖은 표현이다. 앞으로 몇 년은 적자생존의 전쟁이 펼쳐질 것이다. 단지 저마진의 문제가 아니라 기업합병, 도산 등의 상황이 계속 나타날 것이다. 예전에 우리는 디지털사(Digital Equipment Corporation)처럼 대규모의 기업이 파산한 것에 대해 불가사의하게 여겼다. 그렇지만 기업의 규모가 어느 정도 커진 상황에서 주문이 없으면 기업이 도산하거나 합병된다. 이것은 아주 정상적인 현상이다.

공급과잉이 초래된 다섯 가지 이유

대부분의 기업가는 시장 수요가 아닌 경쟁자 때문에 투자확대를 결정한다.
이는 투자확대의 관성에서 비롯된 것으로 종종 엄청난 손실과 낭비를 초래
한다.

대량생산, 대량판매의 무차별적 확산

일본의 전략학자 오마에 겐이치는 '기술의 무차별적 확산' 이
라는 말을 한 적이 있다. 그는 대량생산, 대량판매에 관한 어떤
기술이든 모두 무차별적으로 확산되고 있기 때문에 자신의 기
술에 의존하여 기업이 영원히 지속되기를 바라는 것은 불가능
하다고 여겼다. 5세대 LCD를 한 공장에서만 생산하기란 불가
능하고 한 곳에서만 체인점을 운영하기란 불가능하다. 곧바로
많은 사람들이 경쟁에 뛰어들기 때문이다. 이것이 바로 대량생

산이며 대량판매 기술의 무차별적 확산이다.

노트북컴퓨터를 예로 들어보자. 지금 노트북 한 대의 부품 수는 1990년대 초기와 비교할 때 약 15% 더 많아졌다. 그 당시는 기껏해야 한 달에 1,000~2,000대를 생산했지만 지금은 똑같은 인력으로 당시보다 15배 많은 양의 노트북을 생산한다. 이는 대량생산 기술이 대폭 개선됐기 때문이다. 부품 수가 증가하는 제품의 생산량도 대폭 증가하는데 부품 수가 감소하는 제품은 어떻겠는가? 현재 MP3 50대를 생산하는 작업시간은 과거 카세트 한 대를 생산하는 시간과 똑같아졌다.

투자확대의 관성 : 경쟁자가 투자확대를 결정하는 근거

투자확대의 관성도 공급과잉 원인 중의 하나다. 공장을 경영하여 많은 돈을 벌거나 크게 성공했을 경우 사람들은 다시 새로운 공장을 설립한다. 이 과정에서 경쟁자를 투자확대 결정의 근거로 삼는 맹목적 투자가 이뤄지기도 한다.

얼마 전 나는 몇몇 기업가와 이야기를 나누다가 우스갯소리를 꺼냈다.

"어느 돈 많은 기업가가 있었는데 평소에는 사업 때문에 너무 바빠 아내와 함께할 시간이 거의 없었다. 어느 날 특별히 시간을 내 아내와 함께 쇼핑을 나갔다. 이 기업가의 아내는 50만 대만달러(1대만달러는 한화로 약 34원이다—옮긴이)짜리 손목시계를 굉장히 마음에 들어 했다. 하지만 평소 돈 몇 푼에도 인색하던 기업가는 50만 대만달러나 하는 시계가 너무 비싸다며 사주지 않았다.

그가 사무실로 돌아오자 부사장이 보고하기를 경쟁회사가 최근 5억 대만달러를 들여 생산 라인을 두 개 더 늘렸다고 했다. 이 기업가는 얘기를 듣자마자 이것저것 따져보지도 않고 5억 대만달러어치의 생산설비를 투자하여 대항하기로 결정했다.

이 기업가는 50만 대만달러짜리 시계는 비싸서 사지 못하더니 회사에 돌아오자마자 단번에 5억 대만달러를 들여 설비를 확장했다. 이는 공급과잉 현상의 심각성을 단적으로 보여주는 예다. 양쪽 기업에서 각각 5억 대만달러의 설비를 확장했으니 어찌 전체 상황이 악화되지 않겠는가!"

내가 이 이야기를 마치자 그 자리에 있던 기업가들도 모두 쓴웃음을 지으며 그 사람이 바로 자신들이라고 했다. 사실 이처럼 대부분의 기업가는 시장 수요가 아닌 경쟁자 때문에 투자확대를 결정한다. 이는 투자확대의 관성에서 비롯된 것으로 종종 엄청난 손실과 낭비를 초래한다.

한번은 대만의 한 대규모 공장의 간부가 12인치 웨이퍼 공장에 투자하기 위해 나에게 의견을 구하러 온 적이 있었다. 나는 그에게 말했다. "당신 회사는 이미 7년간 8인치 웨이퍼 공장에 투자하여 겨우 수백억 대만달러를 벌었을 뿐입니다. 지금 1,000억 대만달러를 투자하면 언제 회수할 수 있겠습니까?" 그는 나에게 대답했다. "만약 지금 투자하지 않으면 도태될 것입니다." 나는 반문했다. "도태되지 않는 것이 그렇게 중요합니까? 미국의 텍사스 인스트루먼트(TI), 인텔과 같은 많은 기업도 자기가 발명한 IC사업을 포기하지 않았습니까!" 사실 우리는 경쟁자의 행위를 기업의 정책결정 근거로 삼아서는 안 된다. 이런 결정은 모두에게 잘못된 결과를 초래한다.

인력자원의 대량방출

나는 인력자원의 대량방출을 끊임없이 강조했다. 이는 금세기 중 가장 심각한 문제일 것이기 때문이다. 인터넷이 없었던 과거에는 정보를 쉽게 획득할 수 없어 많은 인력자원이 배출되지 못했다. 단지 엘리트만 두뇌직업에 종사했고 대다수 사람들은 수입이 낮은 노동에 종사했다. 하지만 지금은 인력자원이 이미 대량으로 방출되어 공급과잉의 주요 원인이 됐다.

현재 우리 사회는 개헌, 공공투자 등의 의제로 시끄럽다. 하지만 이후로는 누가 국가 지도자가 되든 한 가지 문제, 즉 국민들의 '실업'이 가장 큰 문제일 것이다.

일이 없는 시대, 세태가 돼버린 실업

세계 각국은 실업 인구의 폭발적인 증가라는 문제를 피하기 어려울 것이다. 2001년 나는《원스렌의 관점 : 신경제, 신직업, 신재화》라는 저서에서 '경기가 회복된다 하더라도 실업률은 계속 올라갈 것'이라는 사실을 특별히 강조했다. 이는 누구도 겪어보지 못했던 일이었기에 요즘에 들어서야 주목을 받기 시작하고 있다.

경기회복이란 바로 영수증 발급이 계속해서 증가하는 것을 의미하며, GDP는 영수증 발급 총액에서 수입 영수증 총액을 뺀 것을 의미한다. 하지만 영수증 발급이 일자리 증가를 의미하지는 않는다. 요즘의 경기회복은 대개 기계가 하는 일에 대한 영수증 발급이기 때문이다. 사람이 하는 일에 대한 영수증 발급은 늘지 않고 오히려 줄어들어 실업률이 크게 증가하게 됐다. 실제로 일본의 실업률은 사상 최고치인 5%에 달했고 대만의 실업률도 5%를 초과했으며 홍콩의 실업률은 거의 8%에 가까워졌다(2003년 기준).

중국이 노동력을 대량으로 양산함에 따라 동아시아 전체는 심각한 실업에 직면해 있다. 중국 대륙에 가까이 있는 나라일수록 더 많은 타격을 받는다. 요즘 홍콩 사람들은 교회에서 결혼식을 마친 뒤 심천(홍콩에서 가까운 중국 도시)으로 가서 피로연을 치른다. 서비스업도 중국이 대신하게 된 것이다.

더 낮은 임금에 굴복하지 않으면 일자리를 잃게 되고 실업 인구도 증가한다. 심지어 "우리는 '할 일이 없는(jobless)' 시대로 곧 접어들 것이다"고 비관하는 사람도 있다. 나는 그렇게까지 비관적이지는 않다. 여전히 일자리는 있다고 생각한다. 단지 일의 형태가 다를 뿐이다.

실업은 시대의 흐름이 됐다. 중국은 아시아 최대의 인력 수출국이지만 중국 내의 실업문제도 매우 심각하다. 이는 공급과잉에 원인이 있다.

기존산업을 대체하는 과학기술

더욱 심각한 것은 과학기술이 발달함에 따라 과학기술이 기존산업을 대체하고 있는 것이다. 소량의 자원을 이용하여 제품을 생산할 수 있는 새로운 과학기술이 점점 기존산업을 대체함으로써 여러 업종의 시장이 은연중에 감소하고 있다.

KTV vs PHS

1998년경 나는 일본에서 아주 특별한 사례를 연구했다. 널리 알려진 것처럼 일본인은 노래 부르는 것을 매우 좋아한다. 이전에는 녹음 반주에 따라 노래를 불렀고, 얼마 전까지는 KTV를 보며 노래를 불렀다. 남녀노소 할 것 없이 모두 저녁을 먹고 나면 KTV를 보러 갔다. 그때만 해도 일본의 KTV산업 매출액은 자동차산업의 매출액을 넘어섰다.

그러나 1998년부터 일본의 KTV사업은 곤두박질치기 시작했다. 점차 장사가 되지 않자 KTV점은 서로 할인경쟁을 시작했는데, 밑지는 할인경쟁으로 인해 KTV점은 속속 도산했고 이는 많은 사람의 생계에 영향을 미쳤다.

한 산업이 10% 쇠퇴하는 것은 기업의 10% 손해에 그치는 것이 아니라 많은 기업이 도산하는 처참한 결과를 가져온다. 이는 차마 눈 뜨고 볼 수 없을 정도다. 100명의 사람이 갇힌 동굴에 매일 100개의 도시락을 보내 100명을 배불리 먹이다가 갑자기 90개의 도시락만 보낸다면 10명이 굶어죽는 것이 아니라 서로 학살하여 반 이상이 죽을 수 있는 것과 같다.

일본 정부는 KTV산업이 쇠퇴하게 된 원인을 심각하게 분석한 결과, 그 이유가 PHS휴대폰이라는 것을 알아냈다. PHS는 일본이 자체적으로 연구개발한 휴대폰으로 공중전화 부스를 기지국(CT2시스템과 유사)으로 삼고 있다. 이동하면서 통화를 할 수 있지만 시속 60km 이상으로 빠르게 이동하는 차에서는 통화가 되지 않아 실패한 상품이었다. 이 때문에 학생들에게 저가인 1엔에 판매됐다. 학생들은 거의 다 PHS휴대폰을 한 대씩 들고 다녔고 PHS휴대폰으로 친구들과 수다 떠는 재미에 빠져 KTV를 보며 노래하는 것에 점점 무관심해졌다. 게다가 휴대폰을 사용함에 따라 용돈을 모두 전화비용으로 써버려 KTV점에 갈 돈도 없었다. KTV산업이 위축된 원인은 다른 과학기술로 대체된 데 있었던 것이다.

놀이동산 vs 게임기

똑같은 현상은 놀이동산에서도 나타났다. 한 친구가 멋진 놀이동산을 지어 나와 몇몇 친구들을 초청했다. 그는 놀이동산의 장점을 모두 소개했다. 얘기를 다 들은 후 그에게 물었다. "장사는 어떻습니까?" 그는 대답했다. "이상하게도 요즘 아이들은 놀이동산에 놀러 오질 않네요."

내가 어렸을 적에는 놀이동산에 가서 노는 것이 꿈에서도 그리는 대단한 일이었지만 요즘 아이들은 다르다. 요즘 아이들은 놀이동산보다 새로운 게임을 더 좋아한다. 기존의 놀이동산은 새로운 놀이동산에 의해 대체된 것이 아니라 새로운 오락방식에 의해 대체됐다. 그 배경에는 과학기술의 발전이 있다.

게임기를 갖고 노는 재미는 확실히 놀이동산에서 노는 재미를 훨씬 능가한다. 디즈니랜드의 손님도 감소하고 있는 판국에 지금 도처에 짓고 있는 대형 놀이동산들은 누구를 위한 것인지 모르겠다.

백화점 vs 채팅룸

일본 소고백화점이 2000년 도산한 후부터 나는 문 닫을 백화점이 또 있을 것이라 예언했고 불행하게도 그 예언은 적중했다. 미국 K마트도 2002년 파산보호신청을 했다.

원인은 채팅룸에 있었다. 요즘 젊은이, 특히 젊은 여성들은 더 이상 백화점 쇼핑을 오락으로 여기지 않으며 대부분의 시간을 채팅룸에서 보낸다. 인터넷을 통한 타인과의 상호작용이 백화점이라는 실물이 있는 산업을 대체한 것이다.

컴퓨터로의 대체는 인력에서도 나타난다. 대만 정부는 경제가 지속적으로 성장한다고 발표하고 있는데 실업률은 왜 계속해서 높아질까? 바로 컴퓨터가 많은 인력을 대체했기 때문이다.

전화국을 예로 들 수 있다. 전화국에서는 '사람'이 일하고 있는 것이 아니라 전화국 안의 '컴퓨터'가 일하고 있다. 그래도 전화국은 과거와 마찬가지로 영수증을 발급하고 있다. 영수증

이 발급된다는 것은 곧 지속적인 경제성장을 나타낸다. 그러나 과거와 다른 점은 경제가 성장하더라도 취업률은 반대로 낮아질 수 있다는 것이다. 이것이 바로 이른바 '과학기술의 대체'다.

나는 온라인게임과 채팅룸 접속에 대한 통계를 낸 적이 있다. 2003년, 대만에서는 매일 평균 200만 명이 온라인게임을 즐기거나 채팅룸에 접속했기 때문에 사람들은 거리로 나갈 시간이 없었다. 이 모두가 과학기술이 기존산업을 대체함으로써 빚어낸 공급과잉 현상이다.

과거 기업들은 대부분 서로간의 경쟁으로 인해 도산했지만 지금은 신흥 과학기술이 원래의 소비습관을 대체함으로써 해당 업종이 사라지고 있다.

저소비시대

또 다른 잠재적 문제인 동시에 지금 우리가 간과하고 있는 큰 문제는 우리 다음 세대가 저소비시대로 진입한다는 사실이다. 대만에서 1970년 이후에 태어난 사람은 기본적으로 저소비층이다.

20세가량의 일본 대학생들을 대상으로 오락 실태를 조사한 적이 있다. 그 결과 현재 80%의 대학생이 주로 3가지 오락, 즉

TV 보기, MP3 다운받아 음악 듣기, 온라인게임 하기에 빠져 있음을 알아냈다. 이런 활동들은 무료이거나 크게 돈이 들지 않는다. 이를 통해 요즘 젊은이들은 거의 모든 시간을 공짜로 소비하는 데 사용하고 있다는 것을 알 수 있다. 때문에 이 세대가 자라서 사회 엘리트가 된 후에는 사회 전체가 저소비시대로 접어들 것이라는 예측이 가능해진다.

지금 기업은 저마진시대에 진입했다. 기업경영은 한번 난관에 부딪히면 이후로는 더욱 어려워지게 된다. 그렇다면 기업은 이런 시대에서 어떠한 위험에 봉착하게 될까?

공급과잉 시대의 경영 리스크

투자가 과잉될 경우 기업은 위험을 피하기 위해 다른 업종에도 투자하여 위험을 분산시키려 한다. 그렇지만 공급과잉 세계에서는 이러한 투자착오 때문에 더 큰 경영 리스크에 직면하게 된다.

과도한 경쟁

공급과잉은 기업의 과도한 경쟁을 부추긴다. 공급과잉 아래에서는 장사가 잘 되지 않기 때문이다. 장사가 안 되면 모든 기업은 직원들에게 더욱 열심히 야간 근무를 시키고 효율을 개선하며 생산능력을 제고한다. 그 결과 생산량은 더 많아져 공급과잉 현상이 더욱 악화된다. 살기 위해 더 많이 노력하면 할수록 상황은 더 참혹해진다. 그렇지만 그렇게 하지 않으면 안 된다. 나는 이를 '대량생산의 비극'이라 부른다.

과잉투자

과잉경쟁의 결과 기업은 종종 같은 업종을 투자지표로 삼게
된다. 지금 경기 둔화로 8인치 웨이퍼의 판매도 부진한데 같은
업종의 회사가 12인치 웨이퍼를 판매하려 한다고 해서 그 회사
에 뒤지지 않기 위해 12인치 웨이퍼 공장에 투자하는 것과 같
다. 이처럼 같은 업종을 투자지표로 삼으면 과잉투자가 빚어질
수 있다.

투자착오

기업의 과잉생산과 소비자의 소비감소가 맞물리면 과잉투자
가 빚어진다. 이는 현재 여러 놀이동산에서 재정문제가 빚어지
고 있는 주요한 원인이다. 투자가 과잉될 경우 기업은 위험을
피하기 위해 다른 업종에도 투자하여 위험을 분산시키려 한다.
그렇지만 공급과잉 세계에서는 이러한 투자착오 때문에 더 큰
경영 리스크에 직면하게 된다.

스쯔이(石滋宜) 박사는 "기업경영자에게는 다각화 경영이 최
대 함정이다"라는 말을 언제나 강조했다. 과거에는 성장공간이
큰 시장이 있을 경우, 전체 경기가 상승하고 있으면 모든 업종

이 돈을 벌어들였다. 그러므로 기업은 다각화 경영을 하면 할수록 총체적으로는 더 많은 이윤을 창출할 수 있었다. 그러나 지금은 모든 업종이 공급과잉이기 때문에 자기 업종의 경쟁이 치열해 돈을 벌지 못한다고 갑자기 전문지식이나 인맥이 약한 타업종에 투자할 경우 기업은 더 큰 위험에 처할 수 있다.

이런 상황에서 기업은 파산하는 것이 아니라 압박에 의해 합병되거나 분할된다. 과거에는 각자 기업을 운영함으로써 어느 정도 돈을 벌었지만 지금은 이러한 재구성을 통해 더 많은 수익을 올릴 수 있다. 이것이 근래 많은 기업들이 합종연횡하는 이유다.

그렇다면 기업은 어떤 원칙에 근거하여 합병이나 분할을 결정하는가?

압박에 따른 기업의 재구성

합병 : 설비, 유통, 서비스 위주의 기업
분할 : 인재 위주의 기업

기업이 종사하는 사업이 설비, 유통, 서비스 위주의 사업이라면 합병하는 방향으로 나아가야 한다. 설비지향적 기업인 대만의 대형 반도체 제조기업 UMC 그룹은 원래 5개의 IC 생산 라인을 분할하여 5개 기업으로 경영하다가 지금은 1개로 합병했다. 이렇게 되면 더 큰 경쟁력을 갖출 수 있다.

또한 유통판매 위주의 기업도 합병해야 한다. 세븐일레븐을 예로 들어보자. 대만에는 2,000개 이상의 세븐일레븐 체인점이 있는데 통일제과점을 더하면 3,000개가 넘어 어디에서든 제품을 살 수 있다. 이래야 경쟁력이 더 커진다.

서비스업도 마찬가지다. 인터넷시장이 커지면 커질수록, 서비스 종사자가 많아지면 많아질수록 경쟁력은 더 커진다. 단지 어느 한 도시나 어느 한 주에만 제공되는 서비스로는 부족하다. 언제 어디서나 전국적으로 제공할 수 있는 서비스를 갖춰야만 경쟁력이 강화된다.

반면 인재 위주의 산업에 종사한다면 분할하는 방향으로 나아가야 한다. 인재가 발전할 공간이 필요하기 때문이다. 분할을 통해 부사장이 사장으로 승진한다면 그의 업무 효율은 크게 높아질 것이다. 더 이상 상사의 눈치를 살필 필요 없이 마음 놓고 여러 가지 일을 할 수 있으므로 발전공간이 커져 잠재력을 발휘할 수 있다.

지나치게 높은 고정설비원가

지나치게 높은 고정설비원가는 우리가 고려해야 할 또 다른 문제다. 그 문제로 '사무실 없는 회사(Officeless company)'의 개념이 널리 토론되고 있다. 어느 회사든 회의실 같은 고정설비를 가능한 한 줄여야만 하기 때문이다. 회의실은 대부분의 시간을 비워두기 때문에 회의실을 둔다는 것은 큰 낭비다.

나는 도산한 어느 기업주가 나에게 했던 말을 기억하고 있다. 그는 "고정설비비용이 기업의 가장 큰 적이라는 점을 기억하세요!"라고 말했다. 지나치게 비싼 고정설비비용은 사업이 부진할 때 무엇보다 큰 위험요소가 된다.

과거 공업시대에는 경제 규모를 확대하기 위해 대기업이 소기업을 합병했고 한 달 생산량 30만 대인 공장이 한 달 생산량 10만 대인 공장을 흡수해 버렸다.

그러나 지금은 모든 제품이 공급과잉이다. 예를 들어 A사가 생산설비에 50억 달러를 투자한다고 가정하자. 이치대로라면 A사는 생산능력이 크기 때문에 5억 달러만 투자한 B사와 비교하여 단위원가에서 경쟁력을 갖게 된다. 그렇지만 시장 규모가 겨우 5억 달러밖에 되지 않는 시장이라면, 50억 달러의 설비를 투자하는 것은 5억 달러를 투자하는 것보다 훨씬 위험이 크다.

이것이 바로 지나치게 높은 고정설비원가다.

조직의 경직화

공급과잉의 세계에서는 회사의 모든 사업부문이 주문을 받는다고 할 수 없다. 나는 영업부, 관리부 등 고정조직이 공급과잉 세계에 적응하지 못하고 있는 것이 아닌지 의심하기 시작했다. 회사 전체를 전투체제로 간주하고 해당 사업부의 모든 사람이 맡은 일에 완전히 몰두해야지, 어떤 부서는 한가하고 다른 부서는 손발이 열 개라도 모자랄 정도로 바빠서는 안 된다. 이런 상황이 조직의 경직화다.

이윤을 내지 못하는 부서를 폐지하는 미국의 사정은 그런 대로 괜찮다. 하지만 일본 대기업의 조직 경직화 문제는 매우 심각하다. 인력배치가 제대로 이루어져 있지 않아 어떤 사람은 바빠 죽을 지경이고 어떤 사람은 아주 한가하다. 심지어 전혀 쓸모없는 프로젝트 개발에 시간을 낭비하고 있는 연구개발부서도 있다.

요즘 같은 기업조직에서는 더 이상 기업경영 개발에 대한 공개적인 논쟁이 없다. 단지 일반직원은 시키는 대로 일할 뿐이며, 사장이나 과장만이 더 나은 제품을 설계, 판매하는 문제로 고심한다. 모두 이를 당연한 것이라 여기는데 이런 심리상태 역시 조직의 경직화다.

인벤텍에는 아주 좋은 전통이 하나 있다. 과거 소비성 전자 제품 생산에 종사할 당시 매년 성수기가 되면 인력이 부족했다. 이때마다 예궈이(葉國一) 회장은 몸소 모든 직원을 인솔하고 생산 라인에 뛰어들었다. 예 회장은 자신이 회장이라고 사무실에 앉아 에어컨 바람만 쐬고 있지는 않았다. 그는 "경기가 좋다고 해서 생산 라인 직원들을 더 뽑으면 기업경영이 어려워졌을 때 발생하는 직원문제를 해결할 수 없다"고 말했다. 조직은 이런 정도의 융통성을 유지하고 있어야 한다.

지나치게 낮은 현금잔고나 부채

경제가 고속으로 성장하던 시기에는 기업이 부채경영을 하면서 번 돈으로 부채를 상환할 수 있었다. 그러나 오늘날에는 상황이 달라졌다. 현금잔고가 충분하지 않으면 언제라도 사업을 지속하지 못할 가능성이 있다. 공급과잉의 세계에서는 가장 경쟁력 있는 기업이라도 항상 주문을 받을 수 있는 것은 아니기 때문이다. 주문을 받는 데에는 여러 가지 주관적, 객관적 조건이 필요하다. 따라서 기업경영이 원활하지 않을 때 현금잔고

가 충분하지 않거나 부채가 너무 많으면 살아남을 수 없는 것
이다.

인벤텍의 재무부서는 매일매일 '오늘의 위험 보고서'를 만들
어 경영진에 제출하는데, 고위층은 정책을 결정할 때 이 보고
서를 참고한다. 이 보고서는 6개월을 위험 지표로 삼는다. 예를
들어 내일부터 매출이 없고 한 푼도 벌지 못한다고 할 때, 6개
월 후에 적자인지 흑자인지가 기업의 위험 지표가 된다. 흑자
라면 그 기업은 6개월을 지탱할 수 있다. 하지만 적자라면 기업
은 긴장할 필요가 있다. 예상치 못했던 일이 일어날 가능성이
있으므로 현금잔고를 충분히 확보해야 한다. 그래야 공급과잉
시대가 가져올 경영 리스크를 피할 수 있다.

부채는 더욱 심각하다. 우리는 기업들이 돈을 빌려 투자했다
가 문제가 터져 도산하는 경우를 숱하게 봐왔다. 공급부족 시
기에는 돈을 빌려 투자해 성공할 수 있지만 공급과잉 시기에는
자신의 돈으로 투자해도 돈을 벌기 어렵다는 것을 명심하자.

예전에는 현금재고를 '잠자는 지급 준비금'으로 여겨 그 필
요성을 그다지 알지 못했다. 하지만 동아시아 금융위기를 겪으
면서 '잠자는 지급 준비금'이라도 없는 것보다 있는 것이 낫다
는 것을 알게 됐다.

주식시장이나 자금시장에 지나치게 의지

기업은 종종 주식시장에서 증자하여 고가설비에 투자하는데, 이럴 경우 조만간 문제에 봉착한다. 겉으로 보기에 다른 사람의 돈이지만 최종적으로 채무를 져야 할 사람은 바로 자신이다. 공급과잉의 세계에서 너무 많은 자금을 투입하여 확장하는 것은 아무런 의미가 없다.

주식시장이나 자금시장에 지나치게 의지하는 기업일수록 많은 문제가 발생한다. 특히 대기업의 경우 문제가 심각하다. 기업 규모가 크면 클수록 주가하락 시 상환해야 할 부채 규모도 커질 수 있기 때문이다. 이러한 모든 것이 경영 리스크에 속한다. 그러므로 주식시장이나 자금시장에 지나치게 의지해서는 안 된다.

공급과잉 시대의 생존 전략

제품생산과 서비스의 최종 목적은 판매다. 그러므로 모든 업종은 최종 고객이 필요로 하는 것이 무엇인지를 고민해야지 자신이 잘하는 것에서 출발해서는 안 된다.

지금까지 공급과잉을 초래한 원인, 공급과잉이 가져올 결과 및 발생될 위험에 대해 알아봤다. 다음은 이러한 시대에 대응하려면 어떤 전략을 써서 기업과 우리 자신을 경영해야 하는가에 대해 논하겠다.

나는 '저마진시대'라는 말로 현황을 표현하기를 좋아하지 않는다. '저마진'은 이윤감소만을 뜻하는 협의적 단어이기 때문이다. 사실 지금은 산업제품 전체가 공급과잉 상태기 때문에 공급과잉이 이윤에만 영향을 미치는 것은 아니다. 조직, 미래 발전 등 여러 차원에서 공급과잉의 충격을 받게 된다.

그렇다면 우리는 어떤 태도로 이 공급과잉의 시대에 대응해야 할까?

적당한 규모란 최대 활동을 펼칠 수 있는 최소 규모

과거 20여 년 동안 나는 '기업의 적당한 규모'를 줄곧 강조해왔다. 기업이 적당한 규모를 갖추려면 너무 비대해서도, 지나치게 빈약해서도 안 된다. 너무 빈약하면 경쟁력이 없고 반대로 너무 비대하면 더 이상 성장할 수 없다. 그럼 기업의 규모는 어느 정도가 적당할까?

자연계에도 적당한 규모가 있다. 대자연의 동물들을 예로 들어보자. 쥐, 강아지는 속도가 빠르지만 경쟁력이 없어 원시림에서는 살 수 없다. 코끼리는 덩치가 아주 크지만 속도를 내어 달리지 못한다. 호랑이, 사자, 들소 같은 동물들은 강하면서 속도도 빠르다. 뿐만 아니라 여러 가지 일을 할 수도 있다.

적당한 규모에 대한 가장 적절한 정의는 바로 최대 활동을 펼칠 수 있는 최소 규모다. 그러므로 노트북컴퓨터 업계에 종사하는 기업은 세계 최대의 노트북컴퓨터 회사의 주문을 소화할 수 있는 능력을 갖추어야 한다. 이것이 바로 최대 활동이다. 만약 몇십 명의 직원만 있는 소규모 회사라면 대기업의 주문을 따내지 못할 것이다. 이것이 바로 적당한 규모가 아닌 경우다.

회사 하나가 언제 어디서든 해당 업종의 최대 주문을 소화할 수 있는 것을 최대 활동이라 부르며 이 사업을 운영할 수 있는 최소 구성원 수를 기업의 최소 규모라 한다. 그러므로 기업은 해당 업종 가운데 세계에서 가장 큰 기업이 함께 사업하기를 원하는 규모까지 확장할 필요가 있다. 또한 고객이 계속 사업하기를 원하는 규모까지 기업 규모를 줄여나갈 수도 있어야 한다.

나는 수익이 좋을 때 직원을 감원하는 외국 기업을 많이 봤다. 만약 대만에서 이런 일이 발생한다면 분명 여론의 비난을 받을 것이다. 외국 대기업의 회장들에게 어떻게 그렇게 할 수 있느냐고 물은 적이 있다. 그들의 대답은 이랬다. "설마 회사가 손해를 보고 있을 때 감원하겠습니까? 무슨 돈으로 해고수당을 지불하려고요?" 기업의 입장에서 매우 현명한 방법이지 않은가!

기업이 규모가 크지 않으면 충분히 클 때까지 확장해야 한다. 반대로 기업이 지나치게 크면 적당한 규모로 축소해야 한다. 이것이 바로 공급과잉 시대에 선택해야 할 생존전략이다. 규모가 적당하지 않으면 군더더기 살이 생기거나 체력이 부족한 현상이 나타난다는 것을 명심하자.

경쟁자를 겨냥하는 것보다 시장에 대한 이해가 중요하다

시장에 대한 이해는 무엇보다도 중요하다. 특히 투자 방면에서는 절대 경쟁자를 지표로 삼지 말아야 하며 산업의 거시적 관점을 중시해야 한다. 그래야 해당 산업을 총체적으로 이해할 수 있으며, 나아가 같은 업종의 투자착오에 따라 쉽게 좌지우지되지 않는다.

1988년 인벤텍이 말레이시아에 진출을 결정하기 전, 많은 동업자들은 태국에 투자했다. 나는 말레이시아와 태국을 시찰하고 태국이 여러 조건에서 말레이시아보다 못하다고 느꼈다. 영어가 통용되지 않고 공공시설도 뒤떨어져 있는데 왜 모두가 태국에 공장을 짓기로 결정하는지 몰랐다. 그래서 팀을 짜 태국으로 파견해 일본 계통의 공장 몇 군데를 방문하게 했다. 그 공장의 사람들이 우리에게 알려준 태국 선택의 이유는 다름 아닌 몇몇 일본 대기업 공장의 투자였다. 동업자들은 일본 대기업의 투자를 뒤따랐다. 즉 그들은 경쟁자를 겨냥해 투자에 참여한 것이다. 뒷날 태국 투자가 말레이시아 투자보다 못하다는 것은 사실로 증명됐다.

2001년, 규모가 상당한 대만 기업의 초청을 받고 강연한 적이 있다. 그 기업은 적자경영을 하고 있었기 때문에 다른 사람의 의견을 듣고 싶어했다. 회사 정문을 들어서자마자 정면에 '○○회사를 타도하자'라고 쓰인 대형 게시판이 보였다. 나는 그 회사의 책임자에게 말했다. "당신이 나를 초청한 이유는 귀사의 이윤개선 방안을 경청하려는 것이니 오늘 내가 한 수 가르치겠습니다. 우선 저 대형 게시판을 내리고 회사의 금년도 목표가 1억 달러라는 간판을 세우십시오."

기업경영의 본질은 이윤을 추구하는 것이지 상대방을 타도하는 것이 아니다. 다른 사람이 10원의 손해를 입는 것보다 자신이 1원을 버는 것이 더 중요하다. 많은 기업경영 원리는 이처럼 이해하기 쉽지만 경영자가 사업으로 눈에 핏발이 서면 그 원리 자체를 무시해 버리기 일쑤다. 그러므로 기업경영자는 항상 평정심을 유지할 수 있어야 한다.

의사결정 시 경쟁자를 판단의 기준으로 삼으면 대부분 그러하듯 판단을 흐리기 쉬우며, 심지어는 도산위기에 처할 수 있다는 점을 기억하길 바란다.

최종 고객의 수요에서 출발해야 한다

스쯔이 박사가 생산력센터 사장으로 있을 때, 여러 곳의 공장을 방문하면서 한 제조업자에게 물었다. "당신의 고객은 누굽니까?" 돌아온 대답은 대개 이랬다. "우리 회사의 고객은 라디오 샤크, 월마트, 씨어스백화점 등등의 세계적인 대기업들입니다." 스쯔이 박사가 말했다. "그들은 당신의 판매 루트일 뿐이지 고객은 아닙니다. 그들은 당신의 제품을 사용하지 않습니다. 다른 사람에게 중개판매할 뿐입니다."

기업이란 자신의 최종 고객이 어디에 있는지 이해해야 한다. 단지 중간업체가 어떤 제품을 만들어달라고 해서 그대로 만들어서는 안 되는 것이다.

델컴퓨터의 사례

전 세계에서 가장 성공한 전자상거래사인 델컴퓨터는 아주 좋은 예다.

나는 1999년 쓴 《기업의 미래(企業的未來)》에서 델컴퓨터가 세계 최대의 컴퓨터회사가 될 것이라고 언급했다. 델컴퓨터의 설립자 마이클 델은 돈도 없고 기술도 없으며 학사학위도 없는 학생이었다. 그가 가진 조건으로 세계 대기업과의 경쟁은 물론, 주요 제조시장의 판매업자들과의 경쟁도 불가능했다. 그러나 그는 결국 IBM, HP 등 대기업을 물리쳤다. 그가 성공할 수 있었던 이유는 단지 최종 고객의 수요에서 출발했기 때문이다.

델이 미국 텍사스대학 기숙사에서 컴퓨터 한두 대를 팔기 시작했을 때 사람들은 그의 성공이 불가능하다고 생각했다. 그들은 어떻게 이러한 소매로 살아남을 수 있겠는가라고 생각했다. 하지만 델은 성공했다.

델의 컴퓨터 모델은 매우 간단했다. 게다가 사람들은 인터넷 주문만으로 간편히 컴퓨터를 살 수 있었다. 하지만 무엇보다 다른 경쟁자들을 물리칠 수 있었던 델컴퓨터의 성공 요인은 인터넷을 통해 최종 고객과 직접 접촉했기 때문이다. 델은 최종 고객의 수요를 이해한 다음 그들의 수요를 만족시킨 것이다.

인터넷시대에는 모든 업종이 광의의 서비스업

우리는 과거에 업종을 다음과 같이 분류했다. 대상이 농작물이면 '농업', 대상이 제품이면 '공업', 대상이 사람이면 '서비스업'이라 불렀던 것이다. 제품생산과 서비스의 최종 목적은 판매다. 그러므로 모든 업종은 최종 고객이 필요로 하는 것이 무엇인지를 고민해야지 자신이 잘하는 것에서 출발해서는 안 된다.

모든 업종은 장기적으로 최종 고객 한 사람 한 사람에게 다가갈 수 있어야 한다. 마치 농부가 생산한 과일을 최종 고객에게 직접 판매하는 것처럼 말이다. 따라서 인터넷시대에는 모든 업종이 광의의 서비스업이 될 것이다.

이런 현상은 벌써 나타나고 있다. 여러 식당에서 최종 고객의 수요를 고려하기 시작한 것이다. 얼마 전 출장차 한국에 갔을 때 식당에서 무기농 채소를 재배하여 회사 고위간부들을 손님으로 끌어들이는 것을 봤다.

공급과잉 시대에는 모두 광의의 서비스업에 종사하고 있으며, 그에 따른 기업경영은 최종 고객의 수요에서 출발해야 한다는 것을 반드시 인식해야 한다.

새로운 최종 소비자창출은 이익창출의 유일한 기회

어떻게 해야 이윤을 창출할 수 있을까? 오마에 겐이치는 "오늘날 기업은 두 가지 선택만이 있다. '혁신(Innovate)' 아니면 '손실(Lose)'이다"라고 말했다.

기업은 혁신해야 한다. 기업이 혁신하지 않으면 손해를 보면서 제품을 팔아야 한다. 오로지 가격하락(Cost down)에만 의지해서는 간신히 생계를 유지해 나갈 수 있을 뿐이다. 지금은 공급과잉의 시대이므로 어떤 기업이든 원가 이하의 가격으로 판매할 수 있기 때문이다. 만약 판매하는 제품이 다른 기업의 제품과 같다면 손해는 더욱 커진다. 공급과잉이라는 상황에서는 원자재의 원가 개념이 사라져 소비자가 원하는 가격에 제품을 팔아야 하기 때문이다.

오늘날 혁신의 정의는 최종 고객의 새로운 수요를 창출하는 것이다. 이는 기업이 수익을 올릴 수 있는 유일한 기회다. 아이팟(i-Pod)을 예로 들어보자. 카세트는 부피가 너무 크고 저장할 수 있는 노래 수도 한계가 있다. MP3는 부피는 작지만 많은 노래를 담지 못한다. 그래서 아이팟 같은 제품이 등장했다. 이 제품은 1만여 곡의 음악을 한 번에 다운 받을 수 있고 소비자는 언제 어디서나 좋아하는 노래를 선택해 들을 수 있다. 새로운 수요가 창출된 것이다.

공급과잉의 시대에서 자동차, 컴퓨터 등 생활용품은 모두 팔릴 만큼 팔렸다. 그러므로 고객이 다시 지갑을 열어 물건을 사게 하려면 새로운 수요를 창출해야만 한다. 소비자가 필요를 느껴 지갑을 열게끔 해야 한다. 이것이 바로 공급과잉 시대에 기업이 돈을 벌 수 있는 유일한 방법이다.

최대한 빨리 최종 고객의 수요를 만족시켜야 한다

공급과잉 때문에 모두가 주문이 들어오기를 고대한다. 만약 당신이 하나의 수요를 간신히 창출했다고 하자. 하지만 제때에 납품하지 못하여 다른 사람에게 주문을 빼앗겼다면 더 이상 돈을 벌 수 없다. 그래서 지금 24시간제, 논스톱 오퍼레이션(Non-stop Operation)을 강조한다.

24시간 풀(full) 가동 영업

새로운 수요를 창조하는 것은 매우 어렵다. 게다가 기업은 가장 빠른 시간 내에 최종 고객을 만족시켜야 한다. 이렇게 해야 새로운 창조를 재화로 바꿀 수 있기 때문이다. 따라서 24시간 풀 가동되는, 쉬지 않는 영업이 필요하다.

징화청(京華城)은 24시간 영업을 실시했다. 장사는 예상했던 대로 잘됐다. 물론 쇼핑하는 사람이 항상 있는 것은 아니지만, 주의 깊게 관찰한 결과 밤 11~12시쯤 장사가 아주 잘된다는 것을 알 수 있었다. 이는 다른 상점들은 문 닫을 준비를 하는 그 시각에 징화청만 영업을 하고 있다고 사람들이 생각하기 때문이다.

나는 대북(台北)시 경제발전회의에서 대만의 실업문제를 해결할 방법에 대한 질문을 받은 적이 있다. 그때 나는 마잉지우(馬英九) 시장에게 다음과 같은 실업대책을 내놓았다.

"공장이 대륙으로 이전되어 실업자가 된 50~60세의 사람에게 컴퓨터 과정을 개설한다 해도 실업문제를 해결할 수 없다. 이는 현실에 맞지 않는 방법이다. 대북시를 논스톱 오퍼레이션으로 변모시켜 시의 모든 활동을 3교대제로 만들어야 한다.

24시간 구두를 닦는 사람, 24시간 환자를 돌보는 사람 같은 논스톱 오퍼레이션이야말로 사회의 잉여 노동력을 흡수할 수 있다. 이런 조치를 통해 우리는 투자를 늘리거나 훈련을 추가시킬 필요도 없이 실업문제를 해결할 수 있다. 게다가 이는 세계적으로 유례없는 시도로 모든 나라에서 참고할 것이다."

기업도 이러한 관념을 지녀야 한다. 세계 곳곳에서 24시간 내내 사람들이 소비하고 있는데 어떻게 쉴 수 있겠는가? 인벤텍은 대북, 상해 회사의 개발 부서를 3교대제, 즉 1년 365일 24시간 내내 쉬지 않는 개발팀으로 구성할 계획이다. 24시간 연속 개발 설계를 통해 가장 빠른 속도로 최종 고객의 수요를 만족시키기 위해서다. 이렇게 해야 비로소 경쟁력을 가질 수 있다.

공급과잉과 신흥시장 동아시아

동아시아 국가의 지역적 특성

공급과잉 세계에서는 24시간 풀로 영업을 하는 것 외에 또 다른 해결책이
바로 성장 시장을 찾는 것이다.

우리는 공급과잉 현상의 원인을 파악했고, 위험을 발견했으며, 이에 따른 기업의 경영능력, 창조능력, 고객만족능력을 강화하는 대책들을 모색했다.

공급과잉 세계에서는 24시간 풀로 영업을 하는 것 외에 또 다른 해결책이 바로 성장 시장을 찾는 것이다. 오늘날 산업은 새로운 방식으로 빠르게 전환하고 있기 때문에 그때그때 적당한 규모의 시장을 찾기란 쉽지 않다. 하지만 전 세계적으로 포화상태인 공급과잉 생산능력을 소화할 적당한 시장이 있긴 있어야 한다. 우리는 이 시장을 동아시아 국가에서 찾을 수 있다.

동아시아는 크게 4개 영역으로 나뉜다. 첫번째는 일본, 한국, 홍콩, 대만으로 전체 인구가 거의 2억 명이다. 이들은 동아시아의 기술엔진으로 아시아 경제를 이끈다. 또한 가장 돈이 많은 그룹이기도 하다. 두번째는 현재 가장 빠르게 성장하고 있는 지역이자 인구 5억 명에 달하는 중국 연해다. 세번째는 인구 5억 명의 동남아시아다. 마지막으로 네번째는 8억 명의 인구를 갖고 있는 중국 중서부 지역이다. 이들 인구를 합치면 약 20억 명으로 세계 인구의 3분의 1을 차지하며, 현재 세계 최대 시장인 북미, 유럽시장 인구의 3배에 달한다.

현재 이들의 소비능력은 높지 않지만 그 잠재력은 크다. 내가 인도나 아프리카, 동유럽이 아닌 동아시아 시장을 높이 사는 이유는 이들 국가가 가지는 다음 6가지의 지역적 특성 때문이다.

1. 교육 수준이 높다

일본, 대만, 홍콩의 교육 수준은 높다. 중국 및 동남아시아의 교육 수준도 세계의 기타 개발도상국보다 훨씬 높다.

2. 노동과 학업에 근면하다

이 지역 사람들은 매우 성실히 일하고 열심히 공부한다.

3. 기술 수준이 높다

젓가락을 사용하는 생활양식 때문에 기술 수준이 높다고 생각하는 사람들이 많지만 나는 꼭 그렇게 보지는 않는다. 기술 수준은 성실히 일하고 열심히 공부하는 것과 관계가 있다고 생각한다.

4. 저축액이 많다

인구만으로 시장이 형성되진 않는다. 현지인이 쓸 돈이 있어야 시장이 형성된다. 동아시아는 분명 이런 조건을 구비하고 있지만 문제가 있다. 즉 동아시아 각국은 저축액이 높지만 돈을 쓸 메커니즘이 없다. 사람들이 공급경제에 훈련되어 있기 때문에 돈을 모아둘 줄만 알지 어떻게 쓸지를 모른다.

일본은 경기가 아주 좋지 않다. 은행 예금이자는 이미 제로에 가깝지만 예금액은 아직도 13조 달러나 된다. 중국도 마찬가지로 1조 달러나 되는 은행 예금을 보유하고 있다. 대만처럼 작은 지역도 20조 대만달러의 은행 예금을 갖고 있다. 거의 500억~600억 달러에 이르는 돈을 은행에 예치해 놓고 쓰지 않고 있는 것이다.

마찬가지로 700만 인구의 홍콩도 3조 홍콩달러(약 12조 대만달러)의 예금을 예치해 두고 있어 오히려 골칫덩어리다. 이처럼 동아시아 국가들은 돈을 벌고 저축할 줄만 알지 쓸 줄은 모른다. 이는 서양사람들에게 있어서는 상상도 못할 일이지만 동아시아 국가에서는 보편적 현상이다.

5. 정치가 안정적이다

서로간의 시끄러운 일들은 있지만 설전에 그치고 있다. 남아시아, 중동 등 세계 다른 지역과 비교해 정치가 상대적으로 많이 안정되어 있다.

6. 상호경쟁한다

동아시아 국가의 커다란 약점 가운데 하나는 모두 똑같은 일을 하고 있고, 서로간에 경쟁하는 수준이 매우 심각하다는 것이다. 국가와 국가 간의 경쟁도 매우 치열하고 자국 내의 각 성(省) · 현(縣) · 시(市)를 포함한 기업들도 서로 치열하게 경쟁하고 있다.

이들은 많은 일을 이룩해 놓았지만 이에 걸맞은 생활수준을 누리지 못한 채 자원을 소모하고 있다. 이는 노력을 안 해서가 아니라 관념의 착오 때문이다. 게다가 '너무 노력했기 때문' 이다.

동아시아 국가들은 무한한 가능성을 가지고 있다. 그들이 가진 특성들을 조금씩만 수정해 간다면 동아시아 국가들은 전 세

계적으로 중요한 성장 시장으로 변모할 것이며, 이를 통해 현

재의 공급과잉 및 저마진의 문제점을 해결할 수 있을 것이다.

동아시아 경제의 발전 방향

어떻게 미국인은 간단하면서도 모두가 만들 줄 아는 물건을 전 세계에 판매할 수 있었을까? 소비자를 창출하는 데 열심히 노력했기 때문이다. 이는 동아시아가 발전시켜 나가야 할 방향이다.

동아시아 경제의 발전 방향은 매우 중요한 관건이다. 이 지역을 어떻게 조정해야 세계 전체에 도움이 되는 시장으로 발전시킬 수 있을까?

소비자 수요창출에 노력

동아시아 사람들은 공급경제 환경에서 훈련을 받았기 때문에 대부분의 시간을 제품개발, 공장관리, 품질제고에 투자했다. 반면 소비자 수요연구에는 거의 시간을 투자하지 않았다.

우리는 지금 첨단 컴퓨터를 수출하면서 기술이 크게 요구되지 않는 맥도널드 햄버거, 코카콜라를 수입해 먹고 있다. 이에 대해 생각해 본 적이 있는가?

햄버거를 만드는 데에는 첨단기술이 필요치 않다. 단지 두 조각의 빵 사이에 고기 한 조각을 끼워 넣기만 하면 된다. 이것이 뭐가 어려운가? 하지만 우리는 우리 아이들이 왜 햄버거에는 열광하면서 고기만두에는 열광하지 않는지 시간을 들여 연구한 적이 없었다.

맥도널드를 예로 들어보자. 맥도널드는 심혈을 기울여 소비자 입맛을 연구한다. 어느 한 지역이나 나라에 시장을 개척할 때마다 현지인을 불러 맛을 테스트하고 연구한 후 그들의 입맛에 맞는 제품을 내놓는다. 만두, 부드러운 쿠키 등 지역 특색을 지닌 음식들이 햄버거보다 맛없는 것은 아니다. 하지만 우리는 소비자의 수요를 창출하기 위해 열심히 노력하지 않았고, 소비자의 기호가 아닌 우리의 기호로 제품을 생산, 판매해 왔다.

나는 맥도널드의 시장연구부서를 참관한 적이 있다. 그들은 수십 명의 소비자를 표본으로 하여 각기 다른 맛의 햄버거를 시식하게 한다. 그리고 햄버거를 먹는 소비자들의 표정을 관찰하고 이를 과학적으로 분석한다. 그래서 그 지역 사람들이 어떤 맛을 좋아하는지 찾아낸다. 이 같은 분석을 거쳐 대량생산에 들어간다.

하지만 우리는 소비자의 수요를 연구개발한 적이 없다. 그 결과 현재 우리가 즐겨 먹는 콜라, 햄버거, 후라이드 치킨 등을 판매하는 대부분의 업체들은 외국인이 경영하고 있다.

단순히 빵 두 조각 사이에 고기 한 조각을 끼워 넣어 판매하는 맥도널드는 1년 매출액이 400억 달러에 달한다. 그들은 소비자 수요를 어떻게 개발할지 알고 있었고 다년간의 연구를 통해 수요창출에 성공했다. 소비자를 과소평가하지 마라. 그들은 어느 것이 더 맛있는지 바로 안다.

어떻게 미국인은 간단하면서도 모두가 만들 줄 아는 물건을 전 세계에 판매할 수 있었을까? 소비자를 창출하는 데 열심히 노력했기 때문이다. 이는 동아시아가 발전시켜 나가야 할 방향이다.

시장개방

동아시아 국가의 문제는 그들 스스로가 시장개방을 원하지 않는다는 것이다. 일본 경제가 실패한 이유는 돈이 많을 때 시장개방을 하지 않았기 때문이다. 시장을 개방하지 않으면 않을수록 국민들은 점점 더 돈을 쓰지 않는다. 그런데 중국 경제가 성장한 요인 가운데 하나는 시장개방이다. 맥도널드가 중국에 투자하게끔 개방한 다음 자국의 음식점에 대한 경쟁을 유도하여 새로운 시장을 창출한 것이다.

이처럼 소비는 상호연관성이 있다. 외식을 한다고 해서 매번 햄버거만 먹고 싶지는 않은 것이 사람들의 심리다. 때로는 전통 스낵을 먹고 싶기도 할 것이다. 이런 심리 때문에 햄버거 가게 주변에 있는 음식점의 장사도 잘된다.

구매는 원래 일종의 심리상태다. 본래 그다지 사고 싶지 않다가도 다른 누군가가 사면 따라서 사고 싶어진다. 이것이 바로 소비자의 구매 심리다. 앞으로도 시장개방은 더 많은 사람이 소비하도록 유도할 것이다.

생산시설 투자의 감소

생산시설 투자는 줄이고 시장개발에 힘써야 한다. 전 세계는 공급과잉의 문제를 안고 있다. 때문에 중국을 포함한 각국이 생산시설에 크게 투자하기란 여의치 않다. 언제 어디서든 생산규모를 확장할 수 있다는 이유로 급하게 넓은 땅을 사놓았다가 결국에는 농구장이나 축구장으로 사용하는 일은 없어야 한다.

한번은 중국의 TV 대담 프로그램에 초청받아 실업문제를 해결하는 방법에 대해 토론한 적이 있다. 현장에서 누군가 이렇게 말했다. "앞으로 중국 대륙의 휴대폰시장은 1년에 1억 대에 달할 것입니다. 만약 휴대폰 제조업체를 강제로 중국으로 보내 생산하도록 한다면 취업률은 어느 정도 높아지겠지요!"

그러나 정말 그러한가? 휴대폰 1대 생산에 드는 작업시간은 겨우 6분이므로 노동자 1명당 1시간에 10대를 생산할 수 있다. 하루에는 80대, 1년이면 2만 대의 휴대폰을 생산할 수 있다. 1억 대를 생산하는 데는 약 5,000명의 노동자가 필요한 것이다. 여기에 부품조립 인원을 더하면 10을 곱해야 하므로 약 5만 명이 필요하다. 게다가 화물발송 등과 같은 일에 필요한 사람을 감안하면 곱하기 2를 해야 하므로 전체 필요한 노동자 수는 약 10만 명이다. 이 정도로는 13억 인구를 갖고 있는 중국의 취업률을 높일 수 없다.

생산에 의존해서 취업을 해결하는 시대는 이미 지났다. 생산라인을 증설하려고 하지 마라. 새 공장을 지으려고도 하지 마라. 이는 시대착오적인 발상이다. 사무실을 늘려서도 안 된다. 만약 앉을 자리가 없다면 회의실을 사무실로 개조할 수 있다. 내 기억으로는 회사를 설립하던 초기의 사무실 면적은 그리 크지 않았다. 사무실은 3~4평이었고 그 안에서 나와 4명의 동료, 여직원이 근무했다. 당시의 나는 지금보다 더 뚱뚱하여 평소

내 배가 책상을 받치고 있었으며 서랍 속의 물건을 꺼내려면 늘 일어서서 서랍을 열어야 할 정도였다. 하지만 그때 업무효율은 매우 높았다.

생산시설 투자에 너무 많은 시간을 소모하는 것은 바람직하지 않다. 최근 가장 많은 중국인이 시청하고 있는, 홍콩에 위치한 피닉스 TV방송국을 예로 들어보자. 500평 크기의 한 층에서 회사의 모든 활동이 이루어진다. 방송국 안에는 단 한 개의 촬영실이 있어 촬영할 때마다 대기실에서 기다려야 한다. 대기실은 아주 작은데다 안에는 늘 기다리고 있는 사람들로 붐빈다. 그래서 대기실에서는 엉덩이를 벽에 붙이고 있어야 하며, 손님을 만나도 셀프서비스로 음료를 마셔야 한다. 피닉스 TV는 돈을 매우 많이 번 회사지만 방송국장은 "시청률이나 프로그램 품질과 관련 없는 비용은 모두 삭감한다"고 말한다.

얼마 전 피닉스 TV는 '정보방송국'이라는 새 채널을 추가로 개설했지만 이 때문에 사무실을 추가로 임대하지는 않았다. 대신 기존에 있던 직원식당을 촬영실로 개조했다. 그리고 예전에 100명이 채 되지 않았던 직원 수를 140명으로 늘렸다. 최소의 생산시설 투자로 최대의 서비스를 창조하는 이런 정신이야말로 본받을 만하다.

중국 대륙도 마찬가지다. 상대적으로 노동력 원가가 싸긴 하지만 남용해서는 안 된다. 하지만 근래 여러 중국 회사들은 겉치레에 너무 치중하는 경향을 보인다. 중국 경제가 성장목표를 달성하면서 성공할 수 있었던 이유가 낮은 원가 때문임을 간과할 수는 없지만, 지속적인 성장을 위해서는 점차 원래의 성공요인을 과감히 버릴 수 있어야 한다.

낮은 원가, 높은 수준의 네트워크사회 건설

현대사회는 기본적으로 '이원화된 기초시설'을 갖추고 있어야 한다. 과거에는 다른 지역의 친척과 교류하려면 교통수단을 이용하여 직접 방문해야 했다. 지금은 2가지 방법이 있다. 직접 방문하는 것 외에도 전화를 걸어 의사를 소통할 수 있는 것이다. 이것도 방문하는 것과 마찬가지의 효과를 가진다. 기업에서의 회의 역시 얼굴을 마주 대하고 할 수도 있고 화상을 통해 할 수도 있다. 이처럼 사회 전체에 이원화된 기초시설이 점차 일반화되고 있다.

현재 개발을 논의하고 있는 지역이나 국가는 모두 염가의 네트워크를 건설하려고 한다. 그리고 네트워크를 완성한 후에 어느 지역이 도로건설을 필요로 하는지, 또는 어느 지역이 공업사회의 기초건설을 필요로 하는지 살핀다. 도로를 건설한 후에

네트워크를 구축하려 한다면 건설했던 도로가 쓸모없게 될 수도 있기 때문이다.

네트워크사회의 기초건설에 필요한 원가는 공업사회의 기초건설에 필요한 원가의 1%에 불과하다. 광섬유 라인 한 가닥의 설치비용은 도로 하나를 건설하는 비용의 1%밖에 들지 않는다.

네트워크사회는 건설에 필요한 원가가 낮은 반면 사회 수준은 높다. 사람들은 고층빌딩, 자동차, 고속도로 등 공업사회의 건설과 설비를 갖추는 것이 '현대화'라고 생각하지만 나는 반문하고 싶다. 자동차는 갖고 있지 않지만 노트북컴퓨터와 휴대폰을 갖고 있는 사람은 현대화된 사람이 아닌가? 왜 비싼 설비나 장비를 갖추고 있어야만 '현대화'라 취급하는가!

이른바 '현대화'란 각각의 사람들이 최고의 정보 및 최고의 비즈니스 모델을 찾을 수 있고, 최고의 교육을 받을 수 있는 것을 말한다. 과학기술의 발전으로 말미암아 사람들은 오늘날 더 이상 대도시에서 살 필요가 없어졌다. 휴대폰과 노트북컴퓨터를 통해 대도시에 사는 것과 같은 효과를 거둘 수 있다. 따라서 동아시아 국가들은 네트워크사회를 건설하기만 한다면 즉시 현대화된 기능을 발휘할 수 있을 것이다.

요즘 휴대폰 한 대 가격은 10년 전에 비해 20분의 1도 되지 않는다. 컴퓨터의 기능도 아주 강력해져 한 대만으로도 많은 일을 할 수 있다. 그렇지만 이런 컴퓨터는 자동차가격의 10분의 1도 되지 않는다. 이처럼 인터넷사회의 기술을 사용하면 현대화 비용은 과거에 비해 훨씬 저렴해진다. 광섬유를 통해 네트워크사회를 건설하는 비용은 하나의 공업도시를 건설하고 도로 양 옆에 각종 빌딩, 쇼핑센터를 건립하는 비용보다 훨씬 싸다. 소규모의 도시라도 광섬유를 설치하기만 하면 바로 네트워크화할 수 있고 대도시와 같은 정보를 얻을 수 있으며 전자상거래도 할 수 있다. 시골에 사는 사람들도 컴퓨터, 휴대폰을 이용해 도시에서와 같은 즐거움을 만끽할 수 있다. 굳이 비싼 시장경제의 설비에 투자할 필요가 없다.

그러므로 동아시아 국가는 고속도로, 교량 등을 건설하여 취업률을 높이려 하지 말고, 원가가 낮고 생활수준이 높은 네트워크사회를 적극적으로 개발해야 할 것이다.

공급경제에서 소비경제로의 전환

공급과잉 세계에서 기업 및 개인의 전략을 개선하는 것 이외에 가장 중요한 것은 성장 시장을 찾는 것이며, 지속적인 발전을 추구하는 것이다.

동아시아 사람들은 공장을 세워 돈을 버는 데만 급급한 나머지 소비를 통해서도 돈을 벌 수 있다는 점을 생각지 못했다. 그들은 줄곧 20억의 인구를 이용하여 6억 명이 소비할 물건을 만들어왔다. 만드는 사람은 많고 소비하는 사람은 적으니 어떻게 경제문제를 해결할 수 있겠는가?

동아시아 국가들이 과거 있는 힘을 다해 다른 나라의 투자를 끌어들인 것은 거지가 구걸하는 것과 같았다. 하지만 지금 그들은 과거에 손을 벌렸던 나라들보다 더 많은 돈을 가지게 됐다. 그러나 그들은 많은 재화를 깔고 앉은 채 여전히 계속 구걸하고 있다. 나는 늘 동아시아가 이런 상황임을 우려한다.

대만은 2,000억 달러, 홍콩은 1,100억 달러, 중국은 3,900억 달러, 일본은 7,600억 달러의 외환보유고를 지니고 있다. 반대로 미국은 3조 달러의 부채 때문에 아직도 부지런히 소비할 지폐를 찍어내고 있다. 이는 건강하지 못한 경제상태다. 동아시아 사람은 관념을 바꾸어서 돈을 쓰러 나가야 한다.

대만 정부는 외국의 제조업체를 불러 모으는 것 외에도 소비를 증가시킬 방법을 강구해야 한다. 외국의 제조업체를 초청하여 투자하게 하는 것은 보증수표가 될 것이며, 이로 인해 소비는 덩달아 살아날 것이다. 마찬가지로 소비가 살아나면 경제가 같이 성장하면서 취업기회가 늘어날 것이다. 동아시아는 어떻게 소비해야 하는지를 배워 공급경제에서 소비경제로 전환해야 한다. 그러지 않으면 공급과잉의 악몽에서 영원히 벗어나지 못할 것이다.

중국 정부는 인민이 지갑을 열어 자기 돈으로 자기 집을 사도록 장려하고 있다. 이는 올바른 방법이다. 공업사회의 시설을 분명 동아시아가 소화해야 하기 때문이다. 그러지 않으면 지금의 경제문제를 해결할 방법이 없다.

앞으로 세계 경제의 발전은 동아시아 경제의 전환속도에 달려 있다. 동아시아는 20억의 인구를 갖고 있고, 많은 재화와 예금을 보유하고 있으며, 구매 잠재력을 갖추고 있는 성장 시장이기 때문이다. 20억 인구가 소비 대열에 하루라도 빨리 가입할수록 현재 적체되어 있는 설비를 대량으로 사용할 수 있을 뿐만 아니라 세계 경제에 새로운 성장을 가져올 수 있다.

기업은 최적의 규모로 최신의 논스톱 오퍼레이션 경영방식을 지향하는 동시에, 가장 잠재력 있는 성장 시장을 개발해야 한다. 이 2가지 해결 방안을 통해 우리는 비로소 현재의 공급과잉과 저마진상태에서 벗어날 수 있다.

3

공급과잉 시대의 선택

비즈니스 모델 개발이 성공의 열쇠

모든 것이 공급과잉인 현 시대에서 유일하게 부족한 것은 '비즈니스 모델'
이다. 이제 거시적 관점에서 미래의 비즈니스 모델을 찾아볼 것이다. 우리
가 실행할 수 있는 일은 얼마든지 있다. 단지 아직 시도해 보지 않았을 뿐
이다.

공급과잉의 세계에서 유일하게 부족한 것은 '비즈니스 모델'
이다. 요즘은 어떤 장사가 잘 될지를 정확히 아는 사람이 없다.
이는 현재 은행 경영자들이 가장 절감하고 있을 것이다. 할 만
한 사업이 없어 대부분의 현금이 은행으로 흘러 들어오기 때문
이다.

종사하던 업종이 이미 포화상태라면 앞으로는 어떤 사업을
해야 할까? 이때야말로 기본적인 문제인 '비즈니스 모델은 어
디에 있는가' 를 살펴봐야 한다.

'비즈니스 모델' 은 인간의 욕구에서 비롯된다. 밥을 먹으려

는 사람이 있으면 음식을 파는 사람이 있게 마련이다. 이것이 바로 비즈니스 모델이다. 이러한 인간의 욕구는 가치관의 변화에서 비롯된다. 개인이 어떤 물건에 가치가 있다고 느끼면 그에 대한 욕구가 발생하고 이로 인해 새로운 비즈니스 모델이 생기는 것이다.

2002년 9월 나는 티베트 라사의 현지 정부를 방문한 적이 있다. 라사 시장을 만났을 때 그가 내게 말했다.

"과거에는 물이 부족한데다 날씨도 추워 이곳 사람들은 1년에 두 번 목욕을 했습니다. 그 뒤 수도가 생겼지만 목욕하는 습관이 없었기에 사람들은 여전히 잘 씻지 않았습니다. 그런데 그 후 점차 TV가 보급되자 사람들은 목욕용품으로 건강과 미를 유지하는 광고를 매일 보게 됐습니다. 이로 인해 매일 목욕하는 습관이 생겼고 비누나 욕실용 위생품 사업은 단번에 성공을 거뒀습니다."

이처럼 개개인의 욕구와 가치관의 변화는 수요를 창출한다. 하지만 무엇보다 중요한 것은, 비즈니스 모델은 인간의 욕구에서 비롯되지만 인간의 욕구는 가치관에서 비롯된다는 것을 이해하는 것이다.

우리는 종종 다른 사람의 말을 듣고 필요하지도 않은 물건을 살 때가 있다. 명품옷을 입으면 다른 사람들이 세련됐다고 평가하기 때문에 비싼 옷을 입는다든가, 날씬해야 예쁘다고 인정받기 때문에 다이어트를 하는 경우가 그러한 예다. 이러한 사례 역시 인간의 가치관에서 비롯된 욕구다. 그러므로 인간의 가치관을 이해해야만 수요를 창출할 수 있고 나아가 비즈니스 모델을 만들 수 있다.

소비자의 욕구를 파악하라

인간의 욕구구조를 이해하기 위해 세계에서 가장 권위 있는 심리학자 매슬로(Abraham H. Maslow)의 욕구단계이론을 살펴보겠다.

인간의 욕구는 5단계로 나뉜다. 가장 낮은 1단계는 '의 · 식 · 주 · 교통 · 교육 · 오락 · 건강 · 심미'로 생리적 욕구에 속한다. 이들 생리적 욕구가 만족되고 나면 사람들은 2단계 '안전'에 대한 욕구를 추구하기 시작한다.

3단계는 '소속감'에 대한 욕구다. 우리는 결혼을 통해 가정을 이루고 사랑과 소속감을 가진다. 또한 사람들이 회사에 출근하는 것은 단지 돈을 벌기 위해서만이 아니라 회사가 우리에게 소속감을 주기 때문이다. 마찬가지로 사회에 교회, 동호회가 많은 이유도 바로 이 때문이다.

4단계는 타인의 존중을 받고자 하는 '존중'의 욕구다. 관리로 승진하려거나 큰 업적을 세우려는 것 등이 이에 속한다.

5단계는 '자아실현'의 욕구다. 많은 기업가들이 부를 얻고 사회적 지위가 높아졌음에도 궁극적으로 자신이 원하는 바를 추구하는 것과 같다.

매슬로의 이론에 따르면 생리적 욕구, 안전의 욕구, 소속감의 욕구, 존중의 욕구는 모두 기본적 욕구에 속한다. 이는 모든 사람에게 필요한 것이다. 하지만 더 윗단계인 자아실현의 욕구는 필요한 사람도 있고 필요하지 않은 사람도 있다.

단계가 높아질수록 욕구는 더 약해진다. 먹을 밥이 없어 배가 고플 때는 자신의 안전 여부를 돌볼 겨를이 없고, 안전을 얻은 후에는 소속감이나 사랑을 얻으려 하는 것과 같은 이치다. 이처럼 사람들은 전 단계의 욕구가 충족돼야 다음 단계의 욕구를 필요로 한다.

이제 이를 바탕으로 우리의 비즈니스 모델은 어디에 있는지 분석하겠다.

우리는 대개 같은 업종에서 비즈니스 모델을 찾고자 한다. 하지만 이는 경쟁적 비즈니스 모델을 찾았을 뿐이지 진정한 의미의 비즈니스 모델을 찾은 것이 아니다. 진정한 비즈니스 모델은 개인의 욕구 및 가치관의 변화에서 비롯된다는 사실을 알아야 한다.

생활수준이 높아짐에 따라 새로운 욕구가 생겨나는데, 인간의 욕구와 가치관을 이해하면 미래의 비즈니스 모델도 쉽게 찾을 수 있다.

인간의 8대 기본욕구

인간의 8대 기본욕구는 의, 식, 주, 교통, 교육, 오락, 건강, 심미의 욕구다.

과거 식량이 충분하지 않던 시절, 사람들의 욕구는 비교적 낮아 세 끼를 배불리 먹기만 하면 만족했다. 그래서 중국이 개방되던 초기에는 음식과 관련한 업종이 가장 먼저 나타났고 이어서 의류점 등이 나타났다. 지금은 사람들이 집, 자동차 등을 살 수 있는 능력을 갖추기 시작했으며 경제도 매년 성장하고 있다.

미국, 일본, 대만 등은 시장이 이미 포화상태라 소비하는 사람도 없고 매매행위도 없어 경제성장률도 낮아졌다. 반면 중국은 대량소비와 대량매매로 경제가 더욱 성장하고 있다. 경제가 성장하거나 침체되는 것은 돈이 있고 없고가 아닌 돈의 움직임

여부와 관계 있다. 돈의 유통이 많으면 많을수록 경제가 성장한다. 사람들이 돈을 은행에 예치해 두기만 한다면 경제는 침체된다. 이는 중요한 개념이다.

기본적으로 의, 식, 주, 교통의 욕구는 중국 같은 성장 지역에서 나타난다. 이러한 욕구는 개발도상국이나 선진국 사람들에게는 더 이상 부족하지 않다. 그렇다면 어떤 방법으로 사람들의 욕구를 다시 증가시킬 수 있을까?

먼저 큰 방향에서의 추세를 주시해야 한다. 앞으로 사람들을 더 유익하게, 즐겁게, 건강하게, 아름답게 해주는 사업은 계속 확장되는 반면 요식업은 점차 침체될 것이다. 앞으로는 교육, 오락, 건강, 심미라는 4대 욕구와 관련된 업종의 성장공간이 크기 때문이다. 그러므로 무엇보다 이 4대 분야에 투자해야 한다.

비즈니스 모델 1 – 기본산업

기본적인 욕구 가운데 아직 개발되지 않은 교육, 오락, 건강, 심미 욕구와 관련된 업종은 앞으로 성장 가능성이 아주 크다. 현재의 업종을 어떻게 이들 업종으로 전환할 수 있는지 알아보자.

교육산업 : 학습혁명이 일어나고 있다

'교육' 부터 말해 보자. 지금은 학습혁명이 일어나고 있다. 단적인 예로 요즘 서점에 가보면 학습과 관련한 서적, 특히 영어학습과 관련한 서적이 아주 많으며, 이러한 책들은 거의 베스트셀러임을 알 수 있다.

교육산업에서 개발해야 할 비즈니스 모델은 5가지로, 컴퓨터 및 인터넷 학습, 원거리학습, 속도학습과 매료학습, 교재의 멀티미디어화, 가상테스트를 통한 학습이 있다.

1. 컴퓨터 및 인터넷 학습

현재 학교 내에 컴퓨터 및 인터넷을 설치하는 것은 중요한 과제다. 지금 기업에서는 모든 직원이 컴퓨터 1대씩을 갖고 있지만 학생들은 그렇지 못하다. 학교는 학생들에게 컴퓨터와 인터넷을 전천후식으로 사용할 수 있게끔 해야 하며, 선생님들도 컴퓨터로 지도할 수 있어야 한다.

하지만 세계적으로 유명한 하버드대학, 매사추세츠공과대학(MIT) 같은 곳도 아직 칠판과 분필을 이용하여 학생들을 가르치고 있다.

중국은 학생 수가 2억 3,000만 명을 넘어 학생 수만 해도 미국 전체 인구와 맞먹을 정도로 급속히 늘어나고 있다. 이 얼마나 방대한 시장인가!

도서관을 지을 돈이면 교내 무선망을 만들어 교내 구석구석을 인터넷으로 연결할 수 있다. 값싼 무선통신기술을 이용하면 이는 결코 어려운 일이 아니다. 학생들은 이를 통해 인터넷 접속만으로 학교 내의 모든 곳에서 언제라도 모든 교과과정 수업을 들을 수 있다.

단시간 내에 학교가 사라지지는 않을 것이다. 학교가 사라지지 않는다면 우리는 학교를 네트워크화 및 컴퓨터화해야 한다. 이 학습혁명 자체가 바로 큰 시장이라는 것을 기억하자.

2. 원거리학습 : 단계학습 → 평생학습 → 휴대학습

단계학습이란 학교에서 16년간 공부하고 졸업한 후 사회로 진출하여 일하는 것을 말한다. 여기에는 16년간 공부하는 것이 일생에 있어 충분하다는 가설이 전제된다. 그러나 다변하는 세계에서 16년간 배운 것만으로 어떻게 충분히 배웠다 하겠는가? 사람들은 계속해서 새로운 지식을 습득해야 했고 그래서 평생학습의 개념이 나타났다.

많은 사람들이 평생학습의 차원에서 휴직계를 내거나 따로 시간을 내어 EMBA(Executive Master of Business Administration)를 공부하지만 나는 이것이 평생학습이라 생각하지 않는다. '평생학습'은 사무실 안에서 이뤄져야 한다. 모든 직원이 오전 9시부터 오후 5시까지 근무하고 오후 5시 이후부터는 학습시간을 가지는 것이다. 회사 내 인트라넷을 통해 교육을 실시하고, 모르는 것은 인터넷을 검색하거나 동료, 선배 또는 외부 전문가에게 질문하여 마스터한다. 이것이 바로 진정한, 그리고 가장 효율적인 평생학습이다.

퇴근 후 서둘러 교육기관에 가서 강의를 듣는 것은 별 소용이 없다. 외부 교육기관에 많은 시간과 돈을 들인다고 자기 회사에 진정으로 쓸모 있는 지식을 배울 수는 없는 것이다.

평생학습이 부족할 경우 휴대학습으로 발전해 나간다. 이해하지 못하는 것이 있으면 즉시 마스터한다는 의미다. 미래의 무선 PDA(Personal Digital Assistants)는 주식 등과 같은 일반정보를 받아보는 것 외에 새로운 지식을 얻는 데에도 쓰일 것이다. 모르는 것을 PDA에 적어 인터넷을 통해 보내면 몇 분 후 답을 받아볼 수 있다. 이것이 이른바 휴대학습이라는 성장시장이다.

3. 속도학습과 매료학습

과거에는 학습속도가 완만했다. 예를 들어 종이사전으로 영어단어 한 개를 찾는 데 평균 12초 정도 걸렸다. 하지만 지금처럼 전자사전으로 단어를 찾으면 1초도 걸리지 않는다. 그렇다고 결과가 다른 것도 아니다. 이는 정확한 교재만 있다면 학습시간을 크게 줄일 수 있음을 의미한다.

같은 학습이라도 매료학습으로 바꿔나가야 한다. 나는 소프트웨어 기술자들에게 늘 이 점을 강조한다. 인류의 공통된 매료요인을 제품에도 담아 학생들이 손에서 놓지 않도록 해야 한다. 매료요인이 빠진 소프트웨어는 출시하지 않는 것이 낫다. 학습에도 게임을 적용시킨다면 노는 데만 정신이 빠진 아이들의 시선을 잡을 수 있다. 이제 신제품을 개발할 때 강조해야 하는 것은 처음부터 끝까지 놀이처럼 즐겁게 공부하도록 만드는 것이다.

새벽 4시에 아이가 전자오락을 하고 있는 것을 보고 "이렇게 늦었는데 잠을 안 자고 아직도 게임을 하고 있어?"라고 꾸짖는 아버지도 방금 포커를 하다 돌아온 경우가 많다. 어른도 아이와 똑같다. 매료요인들을 잘 다듬어 학습에 담으면 사업은 성공할 수 있다.

과거처럼 사람들이 새로운 지식을 학습하는 데 더 이상 긴 시간을 들이지 않도록 해야 한다. 2003년, 나는 속도학습과 매료학습 방법을 채택하여 60일 내에 영어를 마스터하게 하는 《원스톱 잉글리쉬》를 출판했다. 물론 60일 내에 마스터하는 것이 아니라 1,440시간을 들여 영어를 마스터하는 것이다. 많은 사람이 나에게 물었다. "여러 해 동안 공부해도 마스터하지 못하는 영어를 어떻게 60일이면 마스터할 수 있다고 말합니까?" 하지만 과도한 학습시간은 학습능률을 떨어뜨릴 뿐 아니라 시간을 길게 끌면 끌수록 제대로 배우기가 어렵다. 그런 점에서 일반학교의 교과과정은 잘못됐다. 학교에서는 영어수업을 한 시간 마치면 그 다음은 수학수업을 한 시간 한다. 그렇게 드문드문 배운 것은 결코 머릿속에 오래 남지 않는다. 모든 것은 연속적으로 집중해서 배워야 한다.

우리 주변에도 이러한 사례는 많다. 아이를 영어권 국가에 보내면 채 몇 개월도 지나지 않아 영어를 유창하게 구사한다.

시시각각 영어를 배우기 때문이다.

어떤 언어를 배우든 6개월 안에 마스터하겠다는 결심으로 집중방식을 써야 마스터할 수 있다. 10년을 들일 생각이라면 마스터하기란 불가능하다. 잊어버리는 시간이 학습시간보다 더 많기 때문이다. 영어, 수학, 물리, 화학 등의 과목을 한 커리큘럼 속에 넣고 가르친다면 어떻게 가르치든 학생들이 마스터하기란 쉽지 않다.

4. 교재의 멀티미디어화

어째서 교재는 종이책으로만 나오고 TV나 컴퓨터로는 공부할 수 없을까? 오늘날 우리는 신문, 잡지, 책 등과 같은 종이류(Paper Display) 이외에 TV스크린(TV Display), 컴퓨터 모니터(PC Monitor)의 3종류를 통해 정보를 얻을 수 있다.

지금 사람들은 자연스럽게 시간을 이 3종류에 배분해서 쓰고 있다. 하루에 몇 시간은 컴퓨터를 보고 몇 시간은 TV를 보고 몇 시간은 신문을 보면서 정보를 얻고 있는 것이다. 오늘날 서적의 출판도 이와 같아야 한다. 그래서 만들어낸 개념이 바로 종이, TV스크린, 컴퓨터 모니터 상에서 책을 볼 수 있는 이른바 '멀티미디어 서적'이다.

2003년 투모로 스튜디오가 출판한 《장자설(莊子說)》, 《노자

설(老子說)》,《공자설(孔子說)》 등이 바로 멀티미디어 서적이
다. 멀티미디어 서적은 미래의 서적 스타일로, 외관상으로는
일반 서적과 다른 점이 없다. 기존의 책처럼 손에 들고 볼 수
있을 뿐 아니라 책 안에는 DVD나 VCD가 들어 있어 TV에 넣
고 볼 수도 있다. 책 뒤에 있는 CD로 컴퓨터에서도 볼 수 있다.
또한 독자들은 인터넷에 접속해 출판사에 자신의 의견을 표출
할 수도 있다. 이 같은 형태의 책은 커다란 혁신을 가져다 줄
것이며, 앞으로는 교과서도 이런 형태로 바뀔 것이다.

예를 들어 학생이 물리교과서를 읽지 않아 수업진도를 따라
가지 못한다면, 방과 후 선생님이 강의한 VCD를 가지고 와 집
에서 공부할 수 있으며 책 뒤에 붙어 있는 CD로 혼자 공부하고
테스트도 할 수 있다.

모든 책의 멀티미디어화가 이뤄진다면 이것이 얼마나 큰 비
즈니스 모델인지 생각해 보라. 똑같은 책 한 권이 기존서적의
가격으로 판매되면서 3가지 기능을 담고 있다면 비즈니스 모델
로서의 가치는 상상 이상이다.

5. 가상테스트를 통한 학습

이는 학습혁명에 있어 중요한 개념이다. 과거에는 배워서 실
제에 응용하는 '학이치용(學以致用)'을 강조했지만, 과학기술과

학문이 발전한 오늘날에는 '용이치학(用以致學)'을 강조한다.

과거에는 많은 것들을 배워야 했고 다시 응용할 곳을 찾아야 했다. 그러나 요즘은 무슨 일을 해야 할지를 알고 그곳에서부터 추측 연역하는 방식으로 지식을 배우게 됐다. 예를 들어, 중증 급성 호흡기 증후군(SARS)을 얘기해야 하거나 조류독감에 대해 얘기해야 하면 먼저 SARS나 조류독감과 관련된 상식을 흡수하면 된다.

학교에서 많은 시간을 들여 '역학(力學)'을 배웠지만 우리 중에는 '역(力)'이 무엇인지도 모르는 사람이 많다. 이는 역학을 이론적으로만 배웠기 때문이다.

지금의 아이들은 컴퓨터 스크린에서 자동차 운전이나 수리를 직접 배우고 심지어 자동차를 조립하기도 한다. 가상테스트를 통해 아이들에게 자동차를 조립하는 방법을 알려주거나 실린더를 조립하면서 유체역학의 원리를 다시 가르치면 아이들은 역학에 대해 보다 쉽고 빠르게 이해할 것이다.

이렇게 상관지식부터 보강해 가는 학습방법도 좋은 비즈니스 모델이다.

오락산업 : 인간과 기계가 어우러지는 업종이 뜬다

우리가 좋아하든 싫어하든 오늘날 세계에서 가장 돈을 많이 버는 사업 중 한 가지는 전자오락산업이다. 대표적인 회사로는 소니, 닌텐도 등이 있다.

1. 인간과 기계의 상호작용

아이팟을 들고 지하철에서 음악을 듣는 것, 휴대폰으로 문자 메시지를 보내는 것 등은 모두 인간과 기계의 상호작용이며 새로운 시장과 연관돼 있다.

과거 오락은 인간과 인간의 상호작용이었다. 구기류 경기 등의 오락이 모두 그랬다. 그래서 다른 사람과 함께 놀지 않으면 우리는 적막감을 느꼈다. 그러나 지금은 다르다. 사람이 기계와 상호작용하기 때문에 조금도 외롭지 않다. 이제 아이들이 전자오락을 하면서 밤을 새는 것은 흔한 일이다. 이처럼 인간이 기계와 상호작용하는 산업은 중요한 오락산업이 됐다.

2. 온라인 활동

현재 많은 온라인 활동이 있다. 채팅룸, 온라인게임, 휴대폰 문자메시지, 휴대폰 여론조사 등은 모두 중요한 온라인 활동으

로 인간과 인간이 인터넷을 통해 상호작용한다. 이러한 새로운
활동은 이미 우리 일상생활에 영향을 끼치고 있다.

'헤븐'과 같은 온라인게임은 대만에서만 200만 명 이상이 즐
기고 있다. 이보다 더 대중적인 온라인게임이 생긴다면 단번에
몇억 명이 즐기게 될 것이다. 이러한 세계가 곧 도래할 것이며
커다란 비즈니스 모델은 지금 형성되고 있다.

2000년 일본의 4대 백화점 가운데 하나인 소고백화점이 도산
한 후 나머지 세 개 백화점의 매출 역시 줄어들었다. 젊은이들,
특히 젊은 여성들이 백화점으로 쇼핑을 가지 않았기 때문이다.
그들은 대부분의 시간을 채팅룸, 온라인게임과 같은 활동으로
보내고 있다. 이러한 온라인 활동은 점점 성장하고 있는 비즈
니스 모델이다. 이 비즈니스 모델은 때로 기존의 상업에 의해
대체되기도 한다.

3. 재택여행

초고속 인터넷이 널리 보급됨에 따라 재택여행이 출현할 것
이다. 재택여행이란 무선 초고속 인터넷을 통해 현지의 가이드
를 고용하면 이 가이드가 무선 인터넷폰을 들고 당신이 보고
싶은 곳으로 대신 가서 사진을 찍어다 주는 사업을 말한다. 재
택여행을 통해 개인의 사진에 가이드가 찍은 사진을 결합시킬

수 있어 미래에는 당신이 직접 현지에 가서 여행을 했는지 아닌
지를 아는 사람이 없을 것이다. 이것이 바로 재택여행사업이다.

4. 인문여행 : 자연으로의 회귀

인터넷도시

인류는 과학기술만 추구하지 않고 자연으로 회귀하게 될 것
이다. 많은 사람이 시골생활을 매우 그리워하므로 인문여행은
큰 비즈니스 모델이 된다. 그러나 바쁜 도시인들이 도시를 벗
어나 화장실 문도 없는 곳으로 가서 여행을 하기란 쉽지 않다.
그러므로 현지에 고급 이동가옥을 짓는 것이 대안이 될 수 있
다. 아이템만 좋다면 수요는 많을 것이다.

여행이란 고적, 고분 등을 보러 가는 것만은 아니다. 인터넷
을 통해 우선 현지인과 계약을 맺어놓고 그들의 일상생활을 이
해한 다음 날짜를 정하여 가족과 함께 방문해 시골생활을 체험
하는 것도 멋진 여행이다. 이것이 바로 이른바 인터넷 도시
(Internet village)의 개념이다.

이미 오지에 인터넷 도시를 만들기 시작한 기업이 있어 도시
마다 호텔 같은 시설을 건립하고 있다. 심지어 중국의 한 지방
도시는 여행객을 끌기 위해 1000년 전 도시의 모습을 재현하고

있다. 거리를 지나는 사람은 당나라시대의 의상을 입고, 상점 안에서도 당나라시대 음식, 극본, 악기 등을 팔면서 마치 타임머신을 타고 당나라시대로 돌아간 것과 똑같은 상황을 재현할 것이다. 이러한 모든 것은 곧 실현가능할 것이다.

나는 황양천에 별 5개짜리 호텔을 지었는데, 이곳은 인문여행을 추진하는 데 이용되는 동시에 낙후지역을 돕는 세계적 회의 개최지로 이용돼야 한다. 별 5개의 호텔에서 회의를 연 후 가난한 사람들의 생활을 가까이서 체험해야 진정한 해결 방안을 찾을 수 있기 때문이다.

이동가옥

또 다른 개발산업은 이동가옥이다. 한번은 내가 건축동업조합에 초청되어 강연을 한 적이 있다. 나는 이 업종에 종사하지 않았으므로 주최측에 초청목적을 물었다. 의장은 말했다. "당신은 미래학을 연구하는 분입니다. 그러니 건축업의 미래를 예측해 주십시오." 그래서 나는 "건축업의 미래는 이동가옥에 있습니다"라고 답했다. 그러자 "외국에서 유행하는, 차 뒤에 컨테이너를 달고 이곳저곳으로 이동할 수 있는 그런 것과 같은 것입니까?"라고 묻는 사람이 있었다. 나는 "아닙니다. 이동가옥은 집입니다"라고 말했다. 누군가 이어 "집은 부동산인데 어떻게 이동가옥이 됩니까?"라고 물었고, 나는 "산은 움직이지 않으나 물은 움직입니다. 집은 움직이지 않으나 사람은 움직일 것이므로 집은 이동가옥으로 바뀔 것입니다"라고 대답했다.

지금 미국에서는 규모가 큰 호텔 그룹들이 세계 각지에 있는 빈 집을 매입하여 이동가옥으로 변형시키고 있다. 이동가옥이란 개인이 원하는 대로 일정을 잡아 그곳에서 거주할 수 있는 가옥이다. 예를 들어, 이동가옥을 이용하면 3년은 플로리다에서 살고 다음 2년은 시드니에서 생활한 뒤에 계속해서 다른 도시로 옮겨 갈 수 있다. 이동가옥 회사가 각종 서류를 책임지고 처리해 주는 동시에 개인적으로 아끼는 물건을 현지로 옮겨준다. 심지어 개인병력도 현지 병원에 전달해 준다. 이런 유형의 이동가옥 업종이 뜨고 있다. 이것이 바로 건축업의 앞날이다.

5. 이동영화관

새로운 오락산업 가운데 이동영화관이 있다. 비디오테이프, VCD, DVD가 크게 유행한 후 집에서 영화를 보는 사람들이 늘었다. 과학기술의 발달로 집에서도 영화관에서 보는 것처럼 영화를 즐길 수 있는 것이다. 그렇다면 영화관은 망하는 것일까? 그렇지는 않다. 영화관은 영화를 감상하는 것 외에 친구나 가족이 모이고 친목을 도모하기에 좋은 장소라는 사실을 무시해서는 안 된다.

요즘 가정의 모습을 보자. 평일에는 일하느라 바쁘고 주말에는 각자 쉬기에 바쁘다. 그래서 온 가족이 함께 모일 기회가 아주 드물다. 이런 상황에서는 함께 영화를 보는 극장이 단합의 공간이 된다. 적어도 2시간 동안은 함께 한 가지 일을 할 수 있는 것이다. 사람들에게는 모두 함께 활동할 수 있는 곳이 필요하다.

그래서 지금 영화관을 부흥시키려는 사업과 영화관에 가야만 느낄 수 있는 특수효과를 제작하는 사업이 생기고 있다. 입체음향 효과와 같은 것으로 영화 속에서 지진이 일어나면 극장 의자도 덩달아 흔들리며, 쥐가 나타나면 발밑에 기체를 뿜어내는 등의 효과를 주어 마치 쥐가 관람객 발 주변에 있는 것처럼 느끼게 한다. 이런 새로운 형태의 극장이 소비자를 다시 영화관으로 끌어들이고 있다.

6. 휴대용 미디어 : 마음대로 선택하고 마음대로 이용한다

휴대용 미디어는 날이 갈수록 발달하고 있으며, 마음대로 선택하고 이용할 수 있는 미디어기기는 점점 더 많아지고 있다. 기계를 휴대해 영화나 음악을 감상할 수 있을 뿐 아니라 학습하는 데에도 이용할 수 있다.

나는 최근 휴대용 음악 같은 새로운 과학기술의 출현에 주의

하고 있다. 거실에서 음악을 감상하다가 식당으로 가 밥을 먹으려고 일어서면 음악은 나를 따라 식당으로 옮겨온다. 밥을 다 먹고 차를 타고 외출할 때에도 음악은 차 안으로 따라온다. 이때 당신을 따라다니는 것은 미디어지 음향기기 자체가 아니다. 과학기술이 부단히 발전하자 오락산업은 성장공간이 더욱 커졌다.

건강 : 100세 장수는 꿈이 아니다

과학기술의 발달로 인간은 더욱 오래 살 수 있게 됐다. 요즘 100세까지 사는 것은 꿈이 아니다. 통계에 따르면 지난 1900년 동안 인간의 평균수명은 겨우 32세였다. 100년이 흐른 지금 인간의 평균수명은 70세 정도다. 인류의 수명이 100년 사이 배로 늘어난 것이다. 이대로라면 앞으로 인간의 평균수명이 100살을 넘는 것은 그리 어려운 일이 아닐 것이다.

1. 장수옥

우리 몸에는 건강을 해치는 요소들이 아주 많기 때문에 건강이 안 좋아진다. 그래서 새로운 건강제품이 쏟아져 나온다. 이는 새로운 비즈니스를 많이 제공한다. 최근 일본은 장수옥과 같은 '음이온제품'을 발명했다. 집 안의 공기는 대개 양이온이다. 이런 양이온은 인체건강에 해롭다. 반면 음이온은 신체 속의 나쁜 이온을 체외로 배출시켜 준다. 그러므로 집 전체에 음이온 제품을 이용하면 건강에 좋다.

이 밖에 전자동설비 같은 것도 있다. 아침에 일어나 화장실에 가서 혈당이 높은지, 신장기능이 양호한지 등을 즉시 검사할 수 있다. 저녁에는 침대에 누워 치료도 할 수 있다. 이러한 설비는 모두 인간의 수명을 연장시켜 준다.

현재 외국에는 이른바 헬스룸을 보유하고 있는 호텔들이 있다. 단순히 하나의 헬스룸을 보유하고 있는 것이 아니라 호텔 방마다 헬스룸이 갖춰져 있는 것을 말한다. 이런 호텔의 비즈니스는 매우 잘되고 있다.

2. 수명보장회사

일반적인 보험회사는 아무런 위험도 보장하지 못한다. 단지 보험회사와 피보험자 사이에서 피보험자에게 일이 생기면 피보험자에게 이롭고, 반대로 피보험자에게 아무 일도 없으면 보험회사에게 이로울 뿐이다. 누군가 보험에 가입했다고 해서 몸이 더 건강해지거나 더 오래 사는 것은 아니다. 보험회사는 단순한 금융서비스업이라 할 수 있다.

그러므로 수명보장회사를 발전시켜야 한다. 수명보장회사란 100세를 보장할 경우 1년 적게 살 때마다 보험자에게 일정한 금액을 되돌려주는 것을 뜻한다. 이렇게 되면 회사에서는 사람을 파견해 서비스하게 된다. 보험자에게 혈압을 재주고, 술 취한 상태로 차를 운전하는지 등 좋지 않은 습관을 고쳐주는 동시에, 사는 집 주변에 위험물이 있는지 주의하게 하며, 날씨가 추워지면 고객에게 옷을 많이 입으라고 챙겨주기까지 한다.

이는 다양한 취업기회를 만들어줄 수 있다. 또한 다른 사람이 보살펴주기 때문에 수명이 연장될 수 있다. 보험회사가 수명보장회사로 전업하면 반드시 성공할 것이다. 100세까지 보장할 필요 없이 80세까지만 보장해도 기꺼이 가입할 사람이 아주 많으리라 생각한다. 이는 많은 일자리를 만들어줄 수 있는 좋은 비즈니스 모델이다.

3. 원격 보건진료 및 원격 치료

큰 병을 고치는 의사는 하급이고, 작은 병을 고치는 의사는 중간급이고, 아직 생기지 않은 병을 고치는 의사는 최상급이다. 병이 생겼을 때는 이미 몸이 망가져 있어 수명도 줄어든다. 그러므로 최고의 의사란 병이 생기기 전에 치료하는 사람이며, 이것이 바로 진정으로 사람을 구하는 것이다.

그렇다면 어떻게 병을 예방할 수 있을까? 미래에는 사람들이 병원의 컴퓨터와 연결된 시계를 차고 다니게 될 것이다. 이 시계를 찬 사람의 맥박이 비정상적으로 뛰면 시계가 병원으로 신호를 전해주고 병원의 컴퓨터는 그 사람이 신체의 어느 부분에 이상이 있는지를 보여준다. 이것이 이른바 원격 보건진료다.

원격 치료도 마찬가지다. 요즘은 외진 곳에 산다고 해도 도시의 병원에서 진료를 받을 수 있다. 원격 치료시스템만 갖추어져 있으면 도시에 있는 큰 병원의 의사가 외진 마을에 사는 사람을 진료하고 다시 현지의 간호사에게 주사를 놓도록 할 수 있다. 이것도 모두 발전하고 있는 비즈니스 모델이다.

SARS를 통해 사람들은 병원을 많이 지을 필요가 없으며 정말 병원에 입원해야 할 사람은 제한적이라는 사실을 알게 됐다. 대개는 집에서 간병할 수 있으며, 집에 있는 컴퓨터를 켜놓고 의사와 애기를 나눈 후 환자 스스로 몸무게, 체온, 혈압을 체크하면 의사가 처방전을 주는 것이다. 병원에 가서 몇 시간씩 기다려도 이와 똑같은 과정을 거친다.

원격 치료를 통해 원가를 낮추고 병원시설의 낭비도 줄일 수 있을 것이다.

4. 무통치료

아직 해보지 않은 비즈니스가 아주 많음에도 우리는 모두가 할 줄 아는 일만 줄곧 해오고 있으며 결국엔 돈도 별로 벌지 못했다. 그런 면에서 무통치료는 아주 중요한 비즈니스 모델이다.

환자들이 과거처럼 고통스럽게 치료를 받지 않아도 될 만한 방법은 많이 있을 것이다. 만약 일반수술비보다 조금 비싼 돈만 내면 전혀 아프지 않은 수술을 할 수 있다고 하자. 그렇다면 많은 사람이 돈을 더 지불하더라도 전혀 아프지 않은 수술을 받으려 할 것이다. 수술은 신체에서 이미 죽어버린 조직을 떼어내기 위한 것이다. 그 죽은 조직을 떼어내기 위해 몸에 큰 구멍을 내야 하는데 이는 어쩔 도리가 없다. 그러나 주사를 맞는 것과 같이 작은 구멍을 내 몸속의 죽은 조직을 아프지 않게 도려낼 수 있다. 지금 미국에서는 이렇게 수술하는 병원이 아주 많다. 이것도 비즈니스 모델이다.

약을 복용하는 것도 마찬가지다. 주사기로 약을 환부에 직접 투여하거나 혈관에 약을 주사해 환부로 흘러가도록 해야 한다. 그래야 고통이 적어지고 빠른 효과를 볼 수 있다.

요즘은 나노 과학기술로 인해 약가루가 아주 미세하다. 사람 피부의 모공크기는 약 1미크론(대략 1000나노) 정도인데 나노 과립의 약가루가 피부에서 인체로 스며들 때는 아무런 느낌도 없이 환부로 스며들기 때문에 병을 치료하는 데 좋다. 이것 역시 유망한 비즈니스 모델이다.

5. 장기복제

장기복제는 생명과학에서 이룩한 가장 중요한 쾌거다. 생명과학은 아직 대량생산 단계에 이르지 못했지만 조만간 대량생산이 이루어질 것이다. 2003년 4월 14일에 인류의 유전자 배열이 완성됐으므로 장기복제는 사실 언제라도 가능하다.

조만간 인간의 장기가 다른 동물의 몸에서 배양되어 죽어버린 장기를 대체하는 데 쓰일 것이다. 실제로 나는 실험실에서 쥐의 몸에 사람의 귀가 자라고 있는 것을 본 적이 있다. 귀가 떨어져 나갔거나 손상된 사람은 이런 과학기술의 힘을 빌려 복원할 수 있다. 이것은 장기복제의 과학기술로서 앞으로 많은 내장기관이 이와 같은 방법으로 만들어질 것이다.

심미 : 아름다움에 대한 추구는 영원하다

1. 아름다운 얼굴 : 나노 화장품

많은 사람이 아름답길 바란다. 이러한 바람은 나노 화장품이 있으면 전혀 문제없다. 나노 화장품의 과립은 아주 미세하여 원래의 흉터를 감춰주거나 완전히 없애줄 수 있다. 앞으로 모든 사람은 광고모델처럼 아름다워질 것이다.

2. 아름다운 머리 : 발모제품

발모제품은 새로운 돌파구를 맞을 것이다. 내 생각으로는 앞으로 2~3년 내에 먹는 발모약이 정식으로 출하되어 가발은 무용지물이 될 것이다. 현재 이런 종류의 제품들이 출시되고 있다.

3. 아름다운 몸매 : 다이어트제품

건강 다이어트법

사람들에게는 건강 다이어트법이 매우 필요하다. 대만에서는 1kg의 군살을 빼는 데 약 35만 대만달러가 든다. 게다가 다시 찌지 않는다는 보장도 없다. 누구든 건강 다이어트법을 발명할 수 있기만 하면 즉시 엄청난 부자가 될 것이다.

어떻게 해야 체지방을 배출하는 약물을 몸속으로 들여보내 지방을 배출할 수 있을까? 이것이 바로 건강 다이어트의 관건이다. 사실 우리는 과학기술의 한계 속에서도 여러 가지 새로운 방법을 개발하고 있으므로 몇 년 안에 건강 다이어트법이 개발될 것이다. 요즘은 대부분의 사람이 다이어트를 하고 있다는 사실을 감안할 때 이는 가능성이 무한한 비즈니스다.

저칼로리 음식

음식산업도 저칼로리 시대로 접어들어야 한다. 현재 거의 모든 농작물이 생산과잉이지만, 이들 대부분은 신체에 어느 정도 부작용을 미친다. 왜 맛있고 인체에 해가 없는 식량을 생산하지 못하는가!

미국은 세계 식량의 주요 공급처다. 그들은 대량생산으로 풍족한 생활을 영위하고 있지만 몸에 좋은 식량생산은 지금 시작 단계에 있다.

대만은 이 방면에서 발전 여지가 많다. WTO에 가입한 후 대만 농민이 큰 타격을 입을 것이라고 우려하는 사람이 많았다. 하지만 사실 그리 큰 문제는 없을 것이다. 사람은 누구나 압박을 받아야 새로운 생각을 하고 더 좋은 물건을 만들어낼 수 있다. 대만의 WTO 가입은 대만의 농업이 발전하는 기회가 될 수 있다.

우리에게는 보다 양질의 식량이 필요하다. 따라서 조리법을 개선하는 수준이 아니라 유전자부터 개선해야 한다. 고기와 같은 맛을 내는 식량을 심되 칼로리 부담은 없어야 한다. 이런 음식의 발전 여지는 아주 크다. 과거 우리는 이 방면의 연구에 거의 시간을 들이지 않았다. 하지만 이제부터는 진지하게 연구해야 한다. 저칼로리 콜라처럼 저칼로리 돼지고기도 분명 있을 것이다.

4. 인테리어

인테리어는 사람의 기분에 영향을 끼친다. 오늘날 수천만 달러를 들여 집을 산 뒤 인테리어에 수백만 달러를 쓰는 것은 이미 드문 일이 아니다. 심지어 집값의 절반 정도를 인테리어에 쓰는 사람도 많다. 집은 자신이 매일 사는 곳이기 때문에 자기가 좋아하는 모양으로 꾸미고 싶어하는 것이다.

가상현실

요즘 가상현실이라는 과학기술이 있다. 일본에서는 이미 전체 인테리어의 13% 이상이 이 기술을 이용하고 있다. 고객이 헬멧을 쓰고 3차원 공간의 빈방에 들어가 방 전체의 인테리어를 혼자 계획하고 자기가 좋아하는 색깔, 카펫 및 가구 등 실내시설을 선택한다. 선택이 끝나면 설계회사는 컴퓨터 프로그램을 인테리어회사에게 넘겨주고 꾸미게 한다. 결과물은 고객 자신이 컴퓨터에서 본 모습 그대로다. 이렇게 인테리어를 하면 비용이 많이 줄어들 뿐 아니라 고객의 소비욕망을 충족시킬 수 있다.

LCD벽지

LCD벽지는 요원한 꿈이 아니다. 나는 앞으로 10년 안에 LCD벽지가 실현될 것으로 예측한다.

7세대 LCD는 벽지로 이용할 수 있다. 그러므로 앞으로의 벽지는 수시로 색깔을 교체할 수 있을 뿐 아니라 영화상영에도 이용할 수 있고 시간마다 장면을 바꿀 수도 있다. 아침에 일어나 출근할 때는 사무실 장면이 투영되고, 점심 때는 경쾌한 음악이나 영화를 켠다. 저녁 무렵에는 LCD벽지를 해변의 경치로 바꾸어 만찬을 즐기고, 잠자기 전에는 부드러운 음악을 켠다. 이는 인간생활이 더욱 다채로워지는 비즈니스 모델이다.

5. 아름다운 환경

환경의 아름다움은 심신에 많은 도움을 준다. 나는 말레이시아 쿠알라룸푸르에서 13년을 사는 동안 길에서 싸우는 사람을 보지 못했다. 그곳에서는 개조차도 천천히 걸어다녔다. 현지 주민들은 해변에 살았는데 수목은 짙푸르게 우거지고 주변 환경이 좋아 사람들의 마음도 여유로웠다. 반면 철근 콘크리트 건물이 가득한 곳에서는 사람들의 마음도 삭막해져 싸움과 범

죄가 빈번하다. 이처럼 환경은 사람의 마음에 영향을 미친다.

지금은 환경미화에 이용할 수 있는 새로운 과학기술이 아주 많다. 유전자 조작을 거친 상록수 등은 기후의 영향을 거의 받지 않는다. 게다가 플라스틱제품을 먹어 치우는 균과 자연분해되는 플라스틱도 개발됐다. 이런 유형의 포장제품은 바이오 과학기술과 신과학기술에서 속속 나타나고 있다.

과거에는 공기가 오염된 공업도시는 15년 정도 지나야 정화될 수 있었다. 하지만 바이오 과학기술을 이용하면 몇 개월 내에 오염원을 잡아먹는 세균을 만들 수 있으므로 도시는 더 빨리 깨끗해질 것이다.

우리는 거시적 관점에서 미래의 비즈니스 모델들을 살펴봤다. 각 항목마다 연구할 과제가 많긴 하지만 미리 포기하지 않기를 바란다. 우리가 실행할 수 있는 일은 얼마든지 있다. 단지 아직 시도해 보지 않았을 뿐이다.

비즈니스 모델 2 - 안전산업

기본욕구가 충족된 후에는 대개 안전에 대한 욕구가 나타난다.

1. 24시간 개인안전시스템

기본욕구가 충족된 후에는 대개 안전에 대한 욕구가 나타난다. 24시간 개인안전시스템은 그 중 한 가지다.

2. 서로 충돌하지 않는 자동차

미래에는 사람이 병이 났을 때 무통치료를 할 수 있고 장기가 고장나면 교체할 수도 있어 죽기가 점점 더 쉽지 않을 것이다. 그런데 갑자기 도로에서 차에 치여 죽는다면 무척 억울할 것이다. 그러므로 서로 부딪치지 않는 자동차를 발명해야 한

다. 이는 센서를 간단히 조작하면 만들 수 있는 것으로, 앞으로
는 자동차의 필수품이 될 것이다.

3. 보디가드 휴대폰

휴대폰에 보디가드 기능을 추가하거나 액정에 폭탄 위치 등
을 표시할 수 있는 기능을 추가할 수 있다. 이러한 것은 내가
《9·11 이후의 세계》에서 제시한 개념 가운데 하나다. 미국에
서는 이미 이런 보안제품을 개발하기 시작했다. SARS가 발생
한 이후 3미터 범위 내에서 사람의 체온이 섭씨 38도를 넘으면
휴대폰이 울리도록 연구한 사람도 있다.

4. 무선 음식물 측정기

요즘에는 음식을 먹을 때 세균 때문에 많은 사람이 놀라는
일이 발생한다. 아무런 질병도 없던 사람이 공교롭게 독이 든
음식물을 먹고 죽을 수도 있다. 과거에는 은그릇으로 음식물에
독이 있는지 없는지를 체크했지만, 지금은 독성이 너무 많은
데다 세균의 내성까지 점점 더 강해져 은을 사용하는 방법에는
한계가 있다.

은그릇을 사용하는 것만으로는 부족하므로 무선 음식물 측
정기가 발명될 것이다. 이는 독성을 체크해 줄 뿐 아니라 음식

의 내용물도 체크한다. 과학기술의 발전으로 미래에는 휴대용 측정기를 몸에 지니고 다닐 수도 있을 것이다.

5. 인터넷 심리치료사

지금은 공업시대에서 네트워크시대로 진입하는 과도기다. 많은 첨단 과학기술제품 때문에 특히 나이가 많은 사람들이 쉽게 긴장한다. 안정적 심리상태가 아주 중요하므로 미래에는 인터넷을 통한 심리치료사가 많이 등장할 것이다.

비즈니스 모델 3 - 소속감산업

소속감산업이란 한 곳에서 다른 사람과 같은 일을 하는 것이다. 리듬이 빠른 환경 속에서 성장한 젊은 세대는 유행을 좇음으로써 순식간에 소속감을 느끼게 된다.

소속감산업은 일반인이 거의 주의를 기울이지 않는 산업이지만 이미 우리 생활 속에 나타나고 있다.

1. 유행 따라잡기 : 유행화제, 유행상품, 인기스타

요즘 아이들은 유행상품, 유행화제, 인기스타를 좇는다. 한밤중에 잠도 자지 않고 비바람도 마다 않으며 유명 배우나 가수를 기다리는 아이들이 많다. 나는 이런 아이들을 볼 때마다 이 아이들의 머릿속에 문제가 있는 것이 아닌가 하고 생각한다. 사실 이것은 소속감산업이다.

소속감산업이란 한 곳에서 다른 사람과 같은 일을 하는 것이다. 리듬이 빠른 환경 속에서 성장한 젊은 세대는 유행을 좇음으로써 순식간에 소속감을 느끼게 된다.

요즘 아이들은 기계와 대면하는 시간이 길어져 주변 사람들과는 소원해지기 시작했다. 그래서 그들은 유행하는 화제, 제품, 배우 등을 통해 짧은 순간의 소속감을 찾으려 한다. 소속감 속에서 모두 함께 배우 몇 명을 좇아 열광하거나 어떤 화제에 대해 토론한다. 이런 것들도 모두 산업이 됐다. 대만의 대담 프로그램도 이런 산업에 포함된다. 사람들이 이것저것 얘기하기를 좋아하는 것은 이렇게 해야 비로소 서로 공통화제가 생기기 때문이다.

제품 하나가 유행하려면 그 제품을 모르는 사람이 없어야 한다. 이것이 일종의 소속감이다. 인간은 다른 사람과의 차별을 추구하는 한편 공통점을 추구하기도 한다. 유행을 추구하는 것은 소속감을 느끼기에 가장 좋은 행동이다.

유행이란 한번 왔다가 바로 가버리는 것이 아니다. 없는 것이 없는 오늘날의 미디어시스템을 통해, 유행은 파도처럼 하나가 지나가면 이어서 또 다시 밀려온다. 이는 젊은 세대의 생활에 일부가 되어 21세기 5대 산업을 창출했다.

한국이 동아시아 금융위기로 숨 막히는 고비를 넘기고 몇 년만에 성공할 수 있었던 이유는 요즘 젊은 세대의 욕구를 파악하여 소속감산업을 많이 개발하고 아시아 전체를 풍미할 잘생긴 남녀배우를 만들어냈기 때문이다.

2. 세계적인 커뮤니케이션 도구

휴대폰 및 문자메시지

두번째로 큰 산업은 전 세계의 커뮤니케이션산업이다. 소속감을 가지려면 전 세계적으로 커뮤니케이션이 이뤄져야 한다. 세계적인 커뮤니케이션과 관련 있는 제품시장은 무척 방대하다.

인류가 사용하는 전자제품 중 단일 품목으로 10억 대를 넘어선 것이 바로 휴대폰이다. 미래에는 한 사람이 꼭 휴대폰 한 대만 사용하지는 않을 것이다. 게다가 휴대폰은 통신 이외에 음식물 체크나 보디가드 기능으로도 사용할 수 있다. 이 외에 차량마다 휴대폰을 설치하여 차량이 도난당했을 때 추적하는 머신 투 머신(Machine to Machine : M2M) 시설을 갖출 수도 있다. 앞으로 5년 내에 휴대폰 수량은 100억 대를 초과할 것이다.

대만 휴대폰의 문자메시지 통화량은 매년 수십 억 건에 달한다. 휴대폰 보급량은 인구의 1.2배로 한 사람당 평균 한 대 이상의 휴대폰을 소유하고 있다. 중국에도 2억 대 이상의 휴대폰이 보급됐다. 휴대폰이 이처럼 놀라운 속도로 빠르게 보급된 이유는 휴대폰이 기본적인 소속감산업의 제품으로 세계적 커뮤니케이션을 가능케 했기 때문이다.

더 나아가 일본사람에게 전화할 때 일어로 자동번역되는 휴대폰도 생각해 보자. 즉 중국어로 말하면 상대방은 일본어로 듣게 되고 상대방이 일어로 대답하면 중국어로 번역되어 들리는 휴대폰도 개발할 수 있다. 만약 이런 휴대폰이 있다면 수요는 크게 증가할 것이다. 인류는 세계적 커뮤니케이션이라는 소속감이 필요하기 때문이다. 이러한 욕구는 앞으로 2010년 안에 실현될 것이다. 자동번역기를 사용하는 것이 아니라면 인터넷 상에서 사람이 동시통역하는 방식으로 이러한 문제는 해결될 것이다.

이메일

이메일은 금세기 가장 널리 보급된 커뮤니케이션 수단 중의 하나다. 과거에는 종이를 사용하는 데 한계가 있어 커뮤니케이션 빈도도 제한을 받았다. 하지만 지금은 이메일을 통해 소통의 빈도가 급증했다. 만약 지금 전 세계에 유통되는 이메일을 종이로 전환한다면 1년 내에 지구상의 모든 나무를 베어내야 할 것이다.

인터넷

인터넷은 없는 곳이 없다. 컴퓨터를 이용하여 인터넷에 접속하는 방법을 모르는 사람이 있을 수도 있지만, 휴대폰을 이용하는 것도 인터넷 접속과 같다.

케이블TV와 위성TV

이 밖에 케이블TV나 위성TV도 세계적 커뮤니케이션을 가능하게 하는 도구다.

이메일, 인터넷은 모두 세계적 커뮤니케이션을 위한 것으로, 이는 소속감산업에 속한다. 주위 사람이 모두 이메일을 사용하고 있는데 자신만 이메일이 없다면 세상에서 소외되는 듯한 느낌이 들 것이다. 중년층, 심지어 노인들까지 이메일을 사용하고 있는 것이 이를 증명한다. 소속감의 세계 속에서 이들은 모두 미래의 비즈니스 모델이다.

3. 현실과 가상이 결합된 새로운 집단

인터넷과 휴대폰은 세계적 커뮤니케이션을 가능케 한다. 키하나만 누르면 지구 어디에 사는 누구와도 연락할 수 있다. 휴대폰, 이메일, 인터넷, 케이블TV, 위성TV 등의 장비를 통해 우리는 세계의 많은 사람들과 커뮤니케이션할 수 있는 것이다.

지금 우리 주위에는 현실과 가상이 결합된 새로운 집단이 형성되고 있다. 처음에는 인터넷에서 얘기가 통하는 네티즌들이 커뮤니티를 형성하다 오프라인에서 모임을 가진다. 이렇게 시작한 각양각색의 모임이 새로운 집단을 만들어 어떤 화제나 사건에 대해 클럽을 구성하는 것이다. 이것도 소속감산업의 새로운 형태다. 이 산업은 순식간에 큰 매출액을 올릴 수 있으므로 과소평가해서는 안 된다.

이처럼 오늘날에는 현실과 가상이 결합된 새로운 집단이 많이 나타나고 있으며, 이들은 공급과잉 시대의 비즈니스 모델이 된다.

비즈니스 모델 4 – 존중산업

기본욕구, 안전욕구, 소속감욕구가 만족된 후에는 존중의 욕구가 나타난다.
이 욕구를 이해하면 미래의 비즈니스 모델을 쉽게 개발할 수 있다. 존중의
욕구를 반영한 산업은 앞으로 크게 발전할 것이다.

사람들은 왜 명품시계를 사는가? 자존심을 세우는 가장 쉬운 방법이기 때문이다. 사실 아무런 노력 없이 돈만 쓰면 된다. 많은 일을 해야 타인의 존경을 받는 것과 비교할 때 이는 아주 쉬운 방법이다.

나에게는 시계로 유명한 스위스 태생의 친구가 한 명 있다. 어느 날 그와 이야기를 나누면서 내가 "당신 나라의 시계는 너무 비싸게 팔립니다. 요즘 전자시계의 원가는 겨우 5센트입니다"라고 하자, 그 친구는 "아닙니다. 우리는 가장 좋은 재료만 씁니다. 거기에 수공비까지 더하면 시계 하나당 평균 제조가격

은 12달러입니다"라고 대답했다. 이 말을 듣고 내가 "그렇지만 당신네 시계는 하나에 몇만 달러에 팔리잖아요!"라고 말하자, 그는 "그렇다고 돈을 번다고 말하기는 어렵습니다. 그렇게 비싼 시계의 원가는 12달러가 아닙니다. 가장 비싼 진열대에 진열해야 하고 세계에서 가장 유명한 모델로 광고해야 하는 등등의 요인 때문에 원가가 높아지니까요"라고 대답했다.

그 시계회사는 시계 하나만 파는 것이 아니라 존중받는 느낌을 판다. 우리는 유럽사람들이 게으르며 제대로 일할 줄 모른다고 생각하지만 그들은 장사를 잘하는 방법을 알고 있다. 무엇보다 그들은 일찍이 '존중'이라는 것에서 부가가치를 창출할 줄 알았다. 그들은 브랜드네임(Brand name)에서, 심지어는 파리 의상쇼와 같이 도시명에서도 가치를 창조한다. 우리처럼 PC보드 같은 것에서 낮은 가치를 창조하지 않는다. 인간이 제품에 돈을 지불하는 것은 생산자의 노력에 대해 지불하는 것이 아니다. 제품이라는 매개체를 통해 창조된 가치에 대해 지불하는 것이다.

1. 허영심산업

방금 얘기한 것이 바로 허영심산업이다. 하지만 허영심이라고 해서 부정적 의미만 있는 것은 아니다. 만약 당신에게 로렉스 시계를 산 친구 세 명이 있다고 하자. 그런데 당신 혼자만 길거리에서 산 싸구려 시계를 차고 있다면 어떻겠는가? 허영심은 바로 여기에서 생긴다. 이 때문에 남에게 존중받는 느낌을 제공하는 사람은 12달러의 상품을 1만 달러에도 팔 수 있다. 이런 산업은 고부가가치를 창출한다.

2. 퇴직자기업

미국에는 퇴직자기업이라는 것이 있다. 몇십 년 회사에서 일하던 사람이 퇴직 후 할 일이 없어지면 매우 견디기 힘들기 때문에 이런 퇴직자에게 사무실과 비서를 제공하고, 사람을 시켜 전화로 결과 없는 사업을 얘기하도록 하는 기업이다. 그 기업은 퇴직자들이 가상의 일을 하며 자존감을 느끼면서 살게끔 해준다.

일본 또한 퇴직자들이 아주 많다. 일본인은 퇴직자를 전문용어로 '무거운 쓰레기'라 부른다. 줄곧 집에 없던 사람이 퇴직한 후 매일 집에 있는데다 아무 일도 도와주지 못하면서 끊임없이 명령만 해대고 효율을 따지기 때문이다. 그들은 집 안 어디에 놓아도 어울리지 않아 집안 식구가 모두 괴로워한다. 따라서 미래에는 점점 더 많은 퇴직자기업이 나타날 것이다.

3. 개인스타

개인을 스타로 만들어주는 것도 일종의 산업이다. 상해에는 최근 개인조각상이 매우 유행하고 있다. 과거엔 큰 업적을 이룬 사람만이 특정한 장소에 동상을 세웠으나 지금은 일반 사람들도 조각상을 만들기 시작했다. 앞으로 우리의 후대 자손들은 누구나 개인동상이 있는 것을 당연하게 여길지도 모른다.

대만에서는 이미 '개인우표' 가 출시됐다. 이런 관점으로 생각해 보면 매우 많은 물건이 상품화될 수 있으며 비즈니스의 범위는 무궁무진하다.

다음과 같은 예를 들어보자. 중국 후남성(湖南省)에는 우리가 전혀 들어보지도 못한 작은 도시가 아주 많다. 지금까지는 이 곳에 투자하러 간 사람도 없었지만 이제부터 투자를 한다면 그들도 돈을 벌 수 있다. 최근 나는 후남성의 한 도시에서 도로 명칭을 경매하는 것을 봤다. 도로 이름에 대한 경매로도 큰 돈을 벌 수 있는 것이다. 도시에서 가장 중요한 도로를 회사나 개인에게 경매하는 것도 돈을 버는 하나의 방법이다.

이른 시일 내에 '개인전집', '개인서적' 도 출현할 것이다. 비록 작가가 아니라도 책을 낼 수 있는 것이다. 제조원가가 아주 싸므로 200권 정도를 인쇄해 친구나 친척에게 줄 수도 있다.

4. 자리 없는 직함

개인스타와 관련한 산업을 발전시키다 보면 '자리 없는 직함' 이 점점 더 많아진다. 이것도 나쁜 일은 아니다. 이사 자리 하나에 두 사람이 취임할 수도 있다. 이사장 한 명이 직원 한 명을 관리해도 상관없다. 개인이 가치 있다고만 느낀다면 직함만 있다 하더라도 가치가 있는 것이다.

5. 가상배역

가상배역의 역할은 점점 중요해진다. 농구를 매우 좋아하지만 잘하지는 못하는 사람이 농구 게임을 사서 MBA의 유명한 선수 역할을 담당하여 개인적 쾌감을 느끼는 것과 같다. 또한 영화산업 소프트웨어를 사서 자신이 영화사의 사장 역을 맡음으로써 영화사업가의 역할을 하고자 하는 개인의 욕망을 채워줄 수 있다.

한 사람이 일생 동안 할 수 있는 업종은 한두 가지뿐이므로 가상배역을 통해 각기 다른 영역을 체험할 수 있다. 사천성(四川省)에서 탱크를 몰거나 박격포를 쏘는 경험도 가능하다.

결론짓자면 이것들은 모두 경험산업으로, 사람들에게 새로운 경험을 제공한다. 우리가 놀이공원에서 360도 회전하는 롤러코스터를 타고 놀라면서도 쾌락을 느끼는 이유는 바로 자극을 얻기 때문이다. 경험을 제공할 수 있는 모든 산업은 사람들에게 새로운 비즈니스를 제공할 것이다.

수요가 넘치는 저개발 국가

아이들에게 고생하지 않으면 안 된다고 훈계하지 마라. 고생해야 성공한다고 누가 말하는가? 내가 보기에 빌 게이츠는 고생을 하지 않았어도 성공했다. 인류의 새로운 욕구와 가치를 발견하거나 창조하기만 하면 어려움 없이도 우리 아이들은 반드시 성공할 것이다.

공급과잉의 세계에서 새로운 비즈니스는 개발되지 않았거나 개발 중인 국가나 지역에서 나온다. 그들에게는 빈곤탈출 자체가 가장 큰 시장이기 때문이다.

중국의 염가생산은 전 세계에 긍정적인 영향과 부정적인 영향을 동시에 끼쳤다. 중국의 염가생산으로 선진국의 GDP는 낮아졌지만, 전 세계 인구의 80% 이상이 황양천 같은 빈곤한 지역에 살면서 농업생활을 하고 있다는 사실을 감안할 때 이러한 사람들에게 저렴한 상품과 서비스를 제공하는 것은 새로운 비즈니스 모델이 된다. 빈곤탈피는 그 자체가 가장 큰 시장이며,

전 세계 공업제품의 공급과잉 문제도 완화시킬 수 있다.

의식주 및 교통과 관련한 사업은 일본이나 대만에서 이미 포화상태다. 하지만 이런 업종이 중국에서는 아직도 성장하고 있다. 그래서 이 방면과 관련한 사업에 종사하던 기업은 중국 대륙으로 이전했다. 오늘날 건축업에 종사하던 기업이 제품공장을 계속 짓기 위해 중국 대륙으로 이전하는 것과 같다. 상해에 가서 식당을 차리는 것도 같은 이치다.

미래의 비즈니스는 인간의 새로운 욕구와 가치를 발견하거나 창조하는 데에서 나온다. 어떤 기업에서든 소비자 수요에 대한 연구는 같은 업종의 동향연구보다 훨씬 더 많은 의미를 지니고 있다. 동종 업계의 사람은 종종 당신과 같이 괴로워하고 당신이 어떤 행동을 취할지를 연구하고 있기 때문이다. 그러므로 기업은 무엇보다 소비자의 수요를 연구해야 한다. 이러한 과정을 통해 더 많은 비즈니스 모델을 개발할 수 있을 것이다.

아이들에게 고생하지 않으면 안 된다고 훈계하지 마라. 고생해야 성공한다고 누가 말하는가? 내가 보기에 빌 게이츠는 고생을 하지 않았어도 성공했다. 인류의 새로운 욕구와 가치를 발견하거나 창조하기만 하면 어려움 없이도 우리 아이들은 반드시 성공할 것이다.

세상은 비즈니스 모델로 가득 차 있다. 이러한 비즈니스 모

델이 추진될 때 취업기회가 생길 것이며 실업문제도 해결할 수

있을 것이다.

4

인력의 공급과잉과 해결책

실업현황과 원인 분석

인류에게 20세기의 가장 큰 도전은 '전쟁'이었지만 21세기의 가장 큰 도전은 '실업'이다. 실업문제는 동아시아 금융위기 이후 수면 위로 떠올랐으며 점점 더 심각해지고 있다.

1999년 아시아태평양경제연합회 강연에서 나는 21세기에는 실업문제가 세계 각국 및 사회의 가장 큰 도전이 될 것이라는 주장을 제기하여 당시 커다란 반향을 불러일으켰다.

인류에게 20세기의 가장 큰 도전은 '전쟁'이었지만 21세기의 가장 큰 도전은 '실업'이다. 실업문제는 동아시아 금융위기 이후 수면 위로 떠올랐으며 점점 더 심각해지고 있다.

동아시아 금융위기 당시 동아시아가 피해를 입은 손실액은 제2차 세계대전 당시의 손실액을 훨씬 초과했다. 전쟁은 사람을 죽게 만들었지만 금융위기는 엄청난 실업사태를 초래했다.

그때부터 나는 줄곧 실업문제를 연구해 왔다. 나는 동아시아 여러 나라를 방문하고 중국 대륙의 여러 성을 다니면서 실업문제 해결 방법에 대해 강연했다.

대만은 늘 동아시아의 모범생이었고 금융위기 때에도 온전했기 때문에, 대만에서 실업문제를 얘기하게 되리라고는 생각지도 못했는데 유감스럽게도 오늘날 그러한 사태가 발생하고 말았다. 대만 경제는 이미 양안 경제의 분업체계로 나아가고 있다. 요즘 경제를 부양하라는 요구가 계속되고 있지만 사실 대만 입장에서는 더 이상 경제를 부양할 필요가 거의 없다. 중국에 있는 대만의 기업가가 창출한 경제까지 합치면 대만 경제는 지속적으로 성장하고 있기 때문이다. 오늘날 대만의 진짜 문제는 경기침체가 아니라 바로 '실업'이다.

과거에는 돈이 없어 실업이 발생했지만 지금은 돈이 많은데도 실업문제가 매우 심각하다. 일본 역시 마찬가지다. 동아시아 여러 국가의 민족성은 서양과 달라 실업자들은 자신이 실직했다는 사실을 다른 사람이 알까봐 두려워한다. 그래서 동아시아 사람들은 서양 사람들처럼 실직하자마자 실업연금을 타러 가지 않는다. 이런 요인들로 인해 동아시아의 실업문제는 우리가 상상하는 것보다 훨씬 심각하고 처리하기도 어렵다.

나는 《제3물결(The Third Wave)》의 저자 앨빈 토플러 박사

부부 및 여러 미래학자와 매년 정기적으로 로스앤젤레스에서 '미래 포럼'을 개최한다. 한번은 토플러 박사가 나에게 말했다. "당신은 미래학자가 아니라 '미래를 설계하는(Tomorrow Engineering) 학자' 입니다." 그는 이어서 말했다. "우리는 미래를 연구하고 있지만 당신은 미래를 실천하고 싶어하니까요."

내가 지금 말하는 것은 단기적이고 즉시 실현가능하다. 나는 이것이 나 자신의 엔지니어적 배경과 관련이 있다고 생각한다.

대만의 실업현황

먼저 대만의 실업현황을 보자. 1998년만 해도 낮은 편이던 실업률이 매년 높아지고 있다. 행정원통계처가 발표한 자료에 따르면, 2003년 실업률은 거의 5%에 달했으며 성별 및 교육 수준에 따른 실업률은 그리 큰 차이가 없었다. 통계자료는 실업 상황이 이미 교육 수준에 상관없이 보편화됐음을 보여주고 있다. 한편 현시(縣市)자료에서는 실업이 상당히 평균적으로 나타나고 있어 실업이 이미 사회 보편적 문제임을 알 수 있다.

실업의 원인

실업은 왜 생길까? 실업의 주요 원인으로 다음 5가지를 들
수 있다.

1. 중국 대륙의 노동자 대량방출

우선은 중국 노동자의 대량방출이다. 대만의 기업가가 중국
으로 이전한 것이 대만 실업에 영향을 주지 않았다고는 말할
수 없다. 나 자신도 기업계에 몸담고 있으나 감히 그렇게 얘기
하지는 못한다.

중국의 계획 하에 진행된 인력 대량방출은 인류 역사상 최대
규모였다. 중국 대륙이 지난 20여 년간 성공적으로 개혁할 수
있었던 가장 중요한 요인은 바로 인력자원을 체계적으로 방출
했기 때문이다. 인력자원이 체계 없이 방출되면 심각한 사회
혼란이 야기될 수 있다.

중국은 이미 세계 최대의 실업 수출국이 됐다. 중국에 공장 하나
가 세워질 때마다 이웃나라에서는 수천 명의 실업자가 발생한다.

지리적 근접성

지리적으로 중국 대륙에 가까우면 가까울수록 영향을 많이

받는다. 즉 일본이 중국에게서 받은 영향은 미국이 받은 영향
보다 더 크다.

문화적 근접성

대만은 중국과 문화적으로 비슷하고 서로 같은 언어를 사용
하기 때문에 중국인들은 대만에서 돈을 벌기가 쉽다. 이 때문

■ 표 4-1. 대만 인력자원 지표

단위 : 천 명

연도	15세 이상 일반인	노동력			비 노동력	일을 찾지 못한 사람	노동력 참여율 (%)
		합계	취업 인구	실업 인구			
1998	16,448	9,546	9,289	257	6,902	115	58.04
1999	16,687	9,668	9,385	283	7,020	142	57.93
2000	16,963	9,784	9,491	293	7,178	147	57.68
2001	17,179	9,832	9,383	450	7,347	201	57.23
2002	17,387	9,969	9,454	515	7,417	225	57.34
2003	17,572	10,076	9,573	503	7,495	229	57.34

연도	실업률 (%)	취업자 구조(%)			광의 실업률(%)	휴업·업무 긴축실업	영향받은 인구*
		농업	공업	서비스업			
1998	2.69	8.85	37.92	52.23	3.85	71	548
1999	2.92	8.25	37.21	54.54	4.33	91	642
2000	2.99	7.78	37.23	54.99	4.43	90	664
2001	4.57	7.52	36.00	56.48	6.48	206	1,046
2002	5.17	7.50	35.24	57.25	7.26	248	1,129
2003	4.99	7.27	34.83	57.90	7.11	246	1,094

* 대만 상인의 중국 이전으로 실직된 인구
자료출처 : 대만 행정원 통계처
(Directorate-General of Budget, Accounting & Statistics, Executive Yuan, R.O.C.)

에 대만으로 밀입국하는 중국인들이 많다. 반면 한국은 중국과 문화적 차이가 크다. 그래서 중국인들이 한국으로 밀입국하여 돈을 벌기란 쉽지 않다.

즉 한국이 중국의 인력방출로 인해 받은 영향은 대만보다 작은 것이다.

■ 표 4-2. 성별, 연령, 교육 수준별 실업통계

단위 : 천 명, %

성별	1998 실업인구	1998 실업률	1999 실업인구	1999 실업률	2000 실업인구	2000 실업률	2001 실업인구	2001 실업률	2002 실업인구	2002 실업률	2003 실업인구	2003 실업률
총합	257	2.69	283	2.92	293	2.99	450	4.57	515	5.17	499	4.99
남	169	2.93	188	3.23	197	3.36	302	5.16	348	5.91	330	5.51
여	88	2.33	95	2.46	95	2.44	148	3.71	167	4.10	169	4.25

연령	1998 실업인구	1998 실업률	1999 실업인구	1999 실업률	2000 실업인구	2000 실업률	2001 실업인구	2001 실업률	2002 실업인구	2002 실업률	2003 실업인구	2003 실업률
15~24세	92	7.32	95	7.34	94	7.36	130	10.44	145	11.91	131	11.44
25~44세	131	2.26	147	2.54	154	2.64	243	4.17	279	4.73	265	4.47
45~64세	34	1.44	40	1.65	44	1.75	76	2.92	91	3.37	106	3.76

교육정도	1998 실업인구	1998 실업률	1999 실업인구	1999 실업률	2000 실업인구	2000 실업률	2001 실업인구	2001 실업률	2002 실업인구	2002 실업률	2003 실업인구	2003 실업률
중졸이하	88	2.28	98	2.64	101	2.80	164	4.71	172	5.14	180	5.17
중졸 ~ 전문대졸	102	3.09	111	3.23	117	3.34	182	5.12	215	5.92	204	5.60
전문대이상	67	2.80	74	2.93	75	2.80	104	3.72	128	4.28	116	4.09

자료출처 : 대만 행정원 통계처
(Directorate-General of Budget, Accounting & Statistics, Executive Yuan, R.O.C.)

■ 표 4-3. 대만 각 시·현의 실업률

단위 : %

	1998	1999	2000	2001	2002	2003
대만 전체	2.69	2.92	2.99	4.57	5.17	5.00
북부	–	–	–	–	–	4.90
대북(台北)시	2.58	2.85	2.71	3.95	4.60	4.60
기융(基隆)시	4.00	4.23	4.16	5.14	5.50	5.20
신죽(新竹)시	2.47	2.70	2.68	4.35	5.30	5.20
대북(台北)현	2.78	3.03	2.97	4.86	5.50	5.20
의란(宜蘭)현	3.44	3.45	3.63	5.01	5.40	5.20
도원(桃園)현	2.06	1.98	2.03	4.32	5.10	4.70
신죽(新竹)현	2.25	1.80	1.69	3.76	4.40	4.20
중부	–	–	–	–	–	5.10
대중(台中)시	2.79	3.09	3.25	4.71	5.40	5.20
묘율(苗栗)현	2.07	2.25	2.66	4.47	4.90	4.80
대중(台中)현	2.53	3.11	3.52	4.97	5.40	5.30
창화(彰化)현	1.77	1.68	1.70	4.00	5.20	4.70
남투(南投)현	2.47	3.06	3.81	4.89	5.30	5.30
운림(雲林)현	2.31	2.24	2.61	4.10	4.70	5.00
남부	–	–	–	–	–	5.10
고웅(高雄)시	3.44	3.78	3.79	5.00	5.50	5.20
가의(嘉義)시	2.51	3.00	3.00	4.55	5.20	5.10
대남(台南)시	3.89	4.26	4.09	5.00	5.00	4.90
가의(嘉義)현	2.46	2.77	2.77	4.03	5.20	5.10
대남(台南)현	2.89	3.42	3.34	4.68	5.00	4.90
고웅(高雄)현	2.91	3.72	3.94	5.05	5.50	5.30
병동(屏東)현	2.79	2.16	2.18	4.49	4.90	4.90
팽호(澎湖)현	1.69	1.18	1.59	3.46	4.00	4.50
동부	–	–	–	–	–	5.10
대동(台東)현	3.30	2.82	3.14	4.33	4.90	4.90
화련(花蓮)현	2.82	3.70	3.93	5.13	5.50	5.30

자료출처 : 대만 행정원 통계처
(Directorate-General of Budget, Accounting & Statistics, Executive Yuan, R.O.C.)

기능적 근접성

아시아는 모두 공급경제로 일본, 한국 및 동남아시아 국가가 중국으로부터 받는 영향은 유럽과 미국보다 훨씬 크다.

이러한 여러 가지 요건으로 볼 때 가장 타격이 큰 곳은 홍콩이다. 홍콩은 지리적이든 문화적이든 기능적이든 중국과 가장 가까워 실업률이 거의 8%에 이르렀다. 두번째로 큰 타격을 입은 곳은 대만이며 그 다음은 싱가포르다.

중국은 생활수준이 높아진 데다 '한 자녀 갖기 정책'으로 자녀교육을 점점 더 중시하게 됐고, 대학 진학률도 계속 높아져 매년 갈수록 많은 고학력자들이 취업시장으로 쏟아져 나오고 있다. 게다가 현재 중국은 전 세계에서 경제성장 속도가 가장 빠르지만 학교에서의 인력방출 속도는 경제성장 속도보다 더 빨라 고급인력이 많이 배출되고 있음에도 수입은 오르지 않고 오히려 떨어지고 있는 형편이다.

2. 인력시장의 위축

정부의 축소개편

정부기구의 축소개편으로 대다수의 인력이 구직시장으로 몰

려들고 있다.

국영기업과 공영기업의 민영화

국영기업과 공영기업이 민영화됨에 따라 효율을 높이기 위해 남는 인력을 퇴출시킨다.

외국노동자의 유입

생활수준이 높아짐에 따라 자국민이 기피하는 일들이 많아진다. 이 자리에 외국노동자를 수입하여 대체하게 되고, 이 때문에 인력공급에 적체현상이 나타난다.

3. 내수시장의 위축

대만의 실업률이 단기간에 2%에서 5%까지 급속하게 오른 가장 중요한 이유는 내수시장이 위축됐기 때문이다.

주식시장의 위축

지금의 경제는 대부분 심리적 영향을 받는데, 주식시장이 위축되면 사람들은 심리적으로 소비하지 않으려는 경향이 강해진다. 주식시장 위축으로 자신이 손해를 본다고 여기기 때문이다. 그래서 돈이 있음에도 돈을 쓰려 하지 않는다.

대만의 주식시장은 사실상 거품이다. 1987년부터 대만의 환율이 계속 상승했고, 1988년부터 기초산업이 대만을 빠져나가기 시작했다. 사람들은 첨단 과학기술산업으로 전환하고자 해외 이전을 하지 않은 기존산업이 점유하고 있던 건물과 상점을 팔고 첨단 과학기술산업과 관련된 주식을 매입했다. 이로 인해 주식시장에 돈이 지나치게 많이 몰리자 대만의 주식시장은 연속적인 거품을 만들어냈다.

주식시장이 부풀려지자 부동산가격도 덩달아 폭등하고 기타 소비도 증가해 대만 경제는 원기 왕성하게 발전하는 것처럼 보였다. 하지만 새 정부가 이런 경제 변화에 노련하게 대처하지 못해 대만 경제의 거품은 단번에 사라졌다. 사실 이러한 거품은 1990년 초부터 이미 누적되어 왔던 것이다.

부동산가격의 하락

주식시장이 위축되자 부동산가격도 하락했다. 대만의 부동산가격은 이미 13년 동안 정체되어 있었다. 은행에서 돈을 대출받아 사업을 운영하는 부동산업의 특성상 부동산가격의 하락은 금융체계를 붕괴시킬 수 있으며, 이를 제대로 처리하지 못하면 국가 경제가 무너질 수도 있다.

최근 몇 년간에 걸친 일본의 불경기는 부동산 거품이 주요 원인이었다. 과도한 부동산 투자로 발생한 후유증의 책임이 은행으로 전가됐고, 이에 은행은 금전적으로 크게 손해를 입어 부도처리될 지경이었다. 일본 정부는 은행의 파산이 사회 전체에 미칠 영향을 생각해 전면에 나서 은행을 지원했다. 그러나 일본 정부가 채택한 방법이 잘못됐음은 이미 증명됐다.

동아시아 금융위기가 끝난 지 얼마 지나지 않아 중국 경제 연구원은 부동산문제를 토론했다. 나 역시 토론에 참석하여 견해를 발표했다.

통계에 따르면 당시 대만의 빈집은 이미 89만 채에 달했다. 전자 공장을 경영하는 사람으로서 나는 물건이 팔리지 않으면 더 이상 생산하지 말고 그 원인을 찾아서 해결해야 한다고 생각하는데 부동산도 마찬가지다.

부동산가격이 하락한 원인은 공급과잉이므로 부동산을 안정시키려면 건축을 금지해야 한다. 홍콩은 부동산가격이 매우 크게 하락할 때 건축 금지 정책을 단호히 펼쳤다. 지금은 부동산이 제 가치를 보존하고 있으며 은행의 담보 가치도 더 이상 하락하지 않았다.

이 이야기를 들은 상해 시장이 좋은 방안을 생각해 냈다. 즉 시내에 있는 낡은 건물을 모두 부숴 녹지 공원으로 만드는 동시에 주민들에게 이미 지어놓고도 사람이 살지 않는 집으로 이

사하도록 우대정책을 펼치자는 것이었다.

포동(浦東) 같은 곳에는 새집을 많이 지어놨으나 사는 사람이 거의 없었다. 그러나 상해시가 이 방법을 채택한 후에는 남아도는 빈집이 빠른 속도로 없어졌고 부동산가격도 적당히 상승했다. 상해시는 이 정책으로 일석이조의 경제 효과를 누릴 수 있었다.

소비인구의 부분 감소

일부 사람들이 중국으로 투자를 옮겨가자 대만의 시장이 위축됐다. 60만 명의 대만 사람이 중국으로 투자를 옮겼는데 이들 대부분은 고소비층에 속한다.

이러한 사람들이 대만에서 소비를 줄이자 전체 소비 시장은 약간 위축됐고, 소비가 줄어들자 업계간의 악성 경쟁으로 내수 경제 전체가 침체됐다.

소비자 신뢰 하락

가장 심각한 것은 미래가 불확실하다는 이유로 시장에 대한 소비자들의 신뢰가 추락한 것이었다. 경기가 좀처럼 좋아질 기미가 보이지 않자 사람들은 돈을 소비하려 하지 않고 은행에만 넣어뒀다. 우리는 이처럼 시장이 불경기 상황이 되지 않도록 해야 한다.

내가 막 전자산업에 들어섰을 당시 대만의 외환보유고는 10억 달러 정도였으나 당시 국민들의 소비 지수는 꽤 높았다. 하지만 최근 외환 보유금액이 2,000억 달러를 돌파했음에도 불구하고 대만 사람들은 돈을 쓰려 하지 않는다. 왜 그럴까? 그것은 바로 소비자 신뢰 지수가 낮기 때문이다.

과거에 우리는 미국이 발표하는 소비자 신뢰 지수가 무엇을 의미하는지 알지 못했다. 그러나 지금은 소비자 신뢰가 낮으면 경제가 나빠진다는 것을 마침내 이해하게 됐다. 경제가 좋고 나쁨은 돈이 많고 적음과 무관하고 오히려 돈의 흐름과 관련이 있다.

이러한 여러 문제가 얽혀 내수 시장이 위축된 것이다.

4. 과학기술의 대체

컴퓨터, 인터넷 등의 과학기술이 생기고 난 후 사람이 하던 많은 일을 기기가 대체했다. 공업제품 생산은 자동화 기기로 대체됐고 대량생산은 공급과잉을 초래했다.

과거에는 돈을 인출하려면 은행에 가서 번호표를 받고 은행원이 돈을 계산해 주기를 기다려야 했다. 이 때문에 은행은 많은 직원을 채용해야 했다. 그러나 지금은 대부분 ATM을 이용해 돈을 인출한다. 이 밖에도 요즘 기업에서는 교환대에서 전화를 받지 않고 대부분 컴퓨터가 전화를 받는다. 또한 예전에는 물건을 사러 쇼핑몰에 가거나 노래를 부르러 KTV점에 갔지만 지금은 집에서 TV를 보거나 인터넷에 접속하는 것으로 생활패턴이 바뀌었다. 이러한 것이 은연중에 기존의 소비행위를 대신해 버렸다.

9·11사건 이후 반 년 동안 미국에서는 두 가지 일이 발생했다. 하나는 미국의 전자오락 판매량이 배로 증가한 것이다. 테러 공격에 대한 공포로 인해 많은 사람이 가능한 밖으로 나가지 않고 집 안에 머무르려 함에 따라 집에서 전자오락을 하거나 VCD, DVD로 영화를 감상하는 일이 많아진 것이다. 다른 하나는 세계 2대 백화점인 K마트가 도산한 것이다. K마트는 원래 경영상태가 좋지 않은 데다 외부적 요인까지 추가돼 도산이 가속화됐다. 이것 역시 과학기술의 대체 때문이다.

5. 저소비시대

중국의 학자가 최근 일본을 방문하고 돌아와 한 모임에서 나에게 말했다. "언론에서 일본경제가 불경기라고 매일같이 보도를 해서 일본인들이 찡그린 얼굴일 거라고 생각했는데 실제로 일본에서 보니 다들 즐겁게 지내고 있더군요." 나는 이렇게 대답했다. "일본을 불경기로 만든 것은 중국입니다. 하지만 중국이 저가의 식료품, 생활용품, 의류 등을 수출하니 일본 서민들은 즐겁게 지내는 것이 당연하지요. 그들은 더욱 저렴한 가격에 같은 물건을 살 수 있으니까요."

우리는 저소비시대로 접어들 것이다. 10년이 더 지나 오늘날 전자오락을 하고 온라인게임을 즐기던 젊은이들이 중년이 됐을 때는 공업사회의 위축으로 인한 실업이 더욱 심각해질 것이다.

장기적인 실업대책

이제 교육의 개념을 바꾸어 학교를 기업과 연관시켜야 하며 학생들이 졸업 하자마자 곧바로 회사로 출근해 일할 수 있는 기능을 가르쳐야 한다.

실업은 이제 전 세계적인 문제다. 어떻게 하면 실업문제를 해결할 수 있을까?

나는 실업문제의 해결 방안을 장기대책과 단기대책으로 나눴다. 여기서 장기는 앞으로 3년을, 단기는 앞으로 3개월을 가리킨다.

실업 분류

실업문제는 우리가 생각하는 것만큼 그렇게 단순하지 않다.

실업문제를 해결하기 전에 먼저 실업 인구를 분류해야 한다. 학교를 막 졸업하고 일자리를 찾지 못한 실업자는 회사가 공장을 중국 대륙으로 이전하여 발생한 중년의 실직자와는 다르기 때문이다.

1. 학생 실업(15~24세)

학교를 막 졸업했거나 곧 졸업할 사람도 실업자다. 졸업예정자가 곧 실업자가 될 우려는 우리가 상상하는 것보다 훨씬 심각하다. 요즘 대학에 가서 강연을 하면 학생들은 강연이 끝난 후에도 그들이 졸업한 후 도대체 일자리를 찾을 수 있는지, 앞으로 어떻게 중국 대륙의 젊은이와 경쟁할지 등에 대해 끊임없이 질문한다. 학생 대부분이 이러한 일들을 고민하고 있는 것이다.

2. 청장년 실업(25~44세)

이들은 대만 실업층 가운데 가장 규모가 큰 집단이다. 대개는 공장이 중국 대륙으로 옮겨갔기 때문에 실직했다. 사회가 공업사회에서 서비스업 위주의 사회로 전환하는 과정에서 적응하지 못한 사람도 아주 많다.

3. 중년 실업(45~64세)

중년 실업은 이전부터 있던 복잡한 문제기 때문에 다시 세 가지 부류로 나누어 살펴본다.

재훈련 가능집단

고등교육을 받은 사람으로, 회사가 대륙으로 이전했는데 개인적인 사정으로 인해 대륙으로 함께 옮기지 못한 경우다. 전문기능을 갖춘 이러한 사람들은 재훈련이 가능하다.

재훈련 불가능집단

평생학습이 모든 사람에게 적용될 수는 없다. 이는 독서하기를 좋아하는 사람에게나 적용되는 말이다. 어렸을 때 우리 집은 수도 및 전기를 수리하는 가게를 운영했다. 나는 노동자들과 함께 자랐고 그들과 함께 잠을 잤다. 그때 나는 노동자들이 책을 읽는 목적이 대부분 얼른 잠들기 위해서라는 것을 알았다. 그때부터 나는 모든 사람이 공부를 잘할 수 있는 것은 아니라는 사실을 깨달았다. 재훈련을 하기 힘든 사람도 있으며 이러한 사람들은 특히 지식 방면에서의 변화를 그리 쉽게 받아들이지 못한다.

퇴직집단

사회에는 이미 많은 사람이 퇴직 계층에 도달했다. 다만 퇴직 후에도 쉬지 않고 일을 하거나 직위를 유지하면서 퇴직하지 않고 있을 뿐이다. 퇴직한 후 무슨 일을 해야 할지 모르거나 친구가 없어질까 두려워하기 때문이다.

이렇게 분류한 다음 다시 각 집단별로 해결 방안을 제시하면 다음과 같다.

학생 실업집단(15~24세)

오늘날 대만의 대학생들이 졸업하면서 직면하는 문제는 다른 학교 학생들과의 경쟁만이 아니다. 중국에서 매년 쏟아져 나오는 200만 명 이상의 대학 졸업생과 경쟁해야 하며, 그 중에서도 60여만 명은 중국의 이공계 졸업생과 경쟁해야 한다. 오늘날 대만의 대학생들이 직면하는 문제는 우리가 젊었을 때 부딪혔던 문제보다 더 심각하므로 이러한 문제를 담당하는 사람들은 이 문제를 절대 소홀히 여겨서는 안 된다.

1. 박사 백만인 계획

나는 실업문제를 해결하는 한 가지 방법으로 이스라엘에서 시작된 '박사 백만인 계획'을 제시했다. 우리는 교육 수준을 높일 수 있는 방법을 연구해야 한다. 인구가 700만 명인 이스라엘에서는 매해 100만 명 이상의 박사가 배출된다.

대만의 경우도 국가나 기업이 재정적인 지원을 하므로 공부를 좋아하기만 하면 충분히 박사 100만 명을 배출할 수 있다. 학생 수만 확보되면 외국으로 유학 갈 필요 없이 매사추세츠 이공대학이나 하버드대학 등 유명학교의 분교를 대만에 세우도록 각 대학에 요청할 수도 있다. 이러한 방법으로 대만은 고급인력을 많이 보유할 수 있으며 장기적인 차원에서 중국 대륙과 경쟁할 수도 있다. 지금 이 계획은 스쯔이 박사가 주관하는 '전 세계 화교 경쟁력 기금회'에서 추진 중이다.

2. 최후 1마일 계획

모든 사람이 공부에 흥미를 가지는 것은 아니므로 나는 '최후 1마일(Last Mile)' 계획을 다시 제시했다. 최후 1마일은 전신업에서 나온 용어로 전화선을 고객에게까지 끌고 갈 때의 거리를 말한다.

사실 기업이 필요로 하는 인재는 매우 부족하다. 그러나 학교에서 막 졸업한 학생은 대개 '반제품'이어서 즉시 기업에서 쓰이지 못한 채 졸업하자마자 실업자가 된다. 그래서 나는 전문대학 학장들과 교류하면서 학교와 기업의 중간 채널(Last Mile)을 구축하도록 건의하곤 했다.

이 밖에도 과학기술 발전에 맞추어 인재를 배양해야 한다. 지금 대만에서 할 수 있는 업종은 2조(兆)(미래 가치가 2조 대만 달러가 될 반도체 및 영상 모니터를 의미한다—옮긴이) 2성(星) 또는 3성의 대여섯 가지 업종이다. 즉 금융산업, 무역산업, IT산업, LCD산업, 바이오 과학기술 및 소프트웨어산업이다. 우리는 대만의 미래를 위해 이처럼 미래 시장이 있는 방향으로 인재를 직접 이끌고 나가야 한다.

오늘날 학교가 키워낸 인재는 다재다능하다. 그러나 지금은 비상 시기이므로 최후 1마일 계획을 더욱 독려해야 한다. 학교와 기업의 협력하에 기업이 IC 설계자를 필요로 하면 학교는 학생들에게 IC 설계 방법을 가르치고, 금융인을 필요로 하면 학생들에게 금융 관리를 가르쳐야 한다. 또한 직업을 구해야만 학생들을 졸업시키는 강도 높은 처방책도 써야 한다.

생물학과나 토목학과처럼 공부하는 분야가 다르더라도 사회가 필요로 하는 분야로의 전과를 허용하고 2년 정도 더 공부하면 시험을 통해 해당 학위를 수여받을 수 있도록 해야 한다. 그렇지 않고 반제품의 학생들을 계속 사회로 밀어내면 그들은 노점상으로 나설 수밖에 없다. 이렇게 되면 이들이 기존에 노점상을 하던 사람들을 대체하게 될 것이고, 이는 더욱 해결하기 어려운 또 다른 실업문제들을 만들어내는 것과 같다.

학교에 다니는 학생들은 사회에 쓸모가 있으므로 기업에서 바로 쓸 수 있도록 훈련을 시켜 졸업시켜야 한다. 실업문제는 인력자원의 공급과잉에서 기인한 것이므로 학교를 졸업한 사람들이 실업 시장이 아닌 취업 시장으로 흘러 들어가게 해야 한다.

오늘날 첨단 과학기술업이나 금융업에는 아직도 빈자리가 많다. 그러나 학교에서는 반제품의 학생들만 내보내고 있어 그 빈자리를 메워줄 적당한 인재가 없는 실정이다. 이것이 문제다. 이제 교육의 개념을 바꾸어 학교를 기업과 연관시켜야 하며 학생들이 졸업하자마자 곧바로 회사로 출근해 일할 수 있는 기능을 가르쳐야 한다. 졸업이 곧 취업이라는 방안만이 대만의 실업문제를 극복할 수 있다.

청장년 실업집단(25~44세)

앞으로는 고정 수입을 갖는 직업을 찾기가 더욱더 어려워질 것이다. 그러므로 청장년을 지도하여 '신중소기업'으로 전환시켜야 한다. 기업들이 더 이상 고용 기회를 많이 제공할 것이라고는 기대할 수 없다. 예를 들어 2002년 세계에서 가장 돈을 많이 번 기업인 시티뱅크는 120억 달러를 벌어들였지만 2003년 3월 도쿄 회사에서 2,000명의 직원을 감원하겠다고 선언했다. 세계에서 가장 돈을 많이 번 기업도 감원을 하는 것을 보면 앞으로는 취업 기회가 점점 더 줄어들 것임을 알 수 있다.

앞으로 대기업의 고용 기회를 기대할 수 없으므로 우리는 청장년을 지도하여 하루빨리 그들이 스스로를 고용할 수 있는 신중소기업으로 전환토록 해야 한다.

중년 실업집단(45~65세)

1. 재훈련 가능집단 : 새로운 기회 모색

중년 실업자 가운데는 교육 수준이 매우 높은 실업자도 있다. 이들이 인터넷시대로 진입할 수 있도록 재훈련하여 새로운 시대 속에서 새로운 기회를 쉽게 찾을 수 있도록 도와야 한다.

SET(Software, English, Typing)

정보사회로 진입하는 것은 공업사회로 진입하는 것보다 쉽다. 농부가 공업사회로 진입하려면 물리, 화학 등 공부를 많이 해야 하므로 문턱이 높다. 오늘날 농업사회나 공업사회에서 정보사회로 진입하는 문턱은 매우 낮아서 소프트웨어, 즉 홈페이지만 제작할 줄 알고 영어를 이해하고 컴퓨터 타자를 칠 수 있기만 하면 된다. 이 세 가지 기능만 갖추고 있으면 기타 정보는 인터넷에서 검색할 수 있다. 요즘 아이들은 새로운 지식을 습득할 때 인터넷 사이트에서 관련 자료를 검색한다.

이 세 가지 기능은 배우기 쉽다. 영어(www.englishfree.com)는 인터넷사회에 진입하기 위한 필수적인 커뮤니케이션 도구로, 영어를 빠른 시일 내에 학습할 수 있는 소프트웨어가 시중에 아주 많다.

어려워하는 사람이 있긴 하지만 컴퓨터도 몇 시간만 수업을 들으면 사용할 수 있다. 그러나 한 번에 통하는 소프트웨어(www.otxp.com)가 나온 후 컴퓨터의 사용이 훨씬 간단해져 0에서 9까지의 숫자 키만 누르면 TV 리모컨을 사용하는 것처럼 쉽게 조작할 수 있게 됐다.

컴퓨터 타자도 21시간 과정(www.typefree.com)만 거치면 익힐 수 있다.

우리가 이 제품들을 출시한 목적은 정부가 행동을 취하기 전에 자신의 문제를 해결할 수 있는 사람을 양성하기 위해서다.

기능훈련센터

학문 연구보다 기능 연마가 더 체질에 잘 맞는 사람도 있다. 이들에게는 첨단 과학기술로 제작된 공장을 수리하는 것과 같은 훈련을 시켜야 한다. 오늘날 선반 제작 같은 기능을 재훈련시키는 것은 아무런 의미가 없다.

2. 재훈련 불가능집단 : 노동, 봉사 등으로 사회가 구제

특정작업만 할 줄 알고 다른 일은 전혀 못하는 사람들도 있다. 이런 사람들은 어떻게 도울 수 있을까? 사회는 이들에게 노동을 제공할 수도 있고 재정적으로 지원을 해줄 수도 있다. 봉사활동의 범위를 넓히는 것도 하나의 방법이다.

전체 산업구조에서 오늘날 서비스업이 차지하는 비중은 아주 높아졌다. 그렇다고 서비스의 질이 좋아진 것은 아니다. 공업과 농업이 축소되면서 상대적으로 서비스업의 비율이 높아졌을 뿐이다. 대체로 서비스업의 수준은 그다지 높다고 볼 수 없다.

이와 관련하여 취업 기회를 늘리는 몇 가지 방법을 살펴보자.

24시간제 도시

24시간 내내 가동되는 도시가 세계적인 추세다. 대만도 24시간 풀로 가동되는 도시활동이 세계에서 가장 활발한 곳 가운데 하나다. 일을 3교대제화하면 재훈련하기 어려운 사람이 쉽게 직업을 찾을 수 있다. 또한 대만은 24시간 가동되는 세계적 명소가 되어 많은 외국인이 관광하러 오게 될 것이다.

대북시가 24시간 활동구역을 지정한 것과 같이 정부도 24시간 일할 수 있다. 또한 빙수를 팔거나 구두를 닦는 것과 같은 업종도 24시간 서비스체제로 바꿀 수 있다. 특수 기능을 배양하지 않아도 되고 사회도 재투자할 필요 없이 서비스시간을 연장하는 것만으로도 재훈련이 불가능한 집단의 인력을 흡수할 수 있다.

환도(還島)여행권

환도여행네트워크를 구축해야 한다. 일본에서는 관광객이 자유이용권(Free Pass)을 사면 일정 시간 내에는 개인이 원하는 역에서 마음대로 열차를 타고 내릴 수 있다. 역에서 벗어나면 숙박과 식사를 제공하는 가게도 있다. 현지에서 며칠 동안 머문 뒤 언제라도 다시 차를 타고 다른 지역으로 여행할 수 있는, 아주 편리한 여행권이다. 이렇게 하면 관광업과 관련한 일자리가 많이 생길 수 있다. 게다가 서비스업은 특별한 기능이 없는 사람들도 일할 수 있는 분야다.

관광업을 발전시키는 가장 빠른 방법은 양안에 직항로를 개

통하는 것이다. 양안에 직항 노선이 개통되기만 하면 대만의 공항은 전 세계에서 가장 바쁜 공항으로 바뀔 것이고 서비스업계도 즉시 바빠질 것이다.

3. 퇴직자집단 : 체육과 문화활동 강화

퇴직연령에 도달한 사람들은 체력이 떨어져 계속 일하고 싶어하지 않지만 집에서도 마땅히 할 일이 없어 가벼운 일을 하고 싶어한다. 그렇게 하지 않으면 친구도 사라질지 모르기 때문이다. 따라서 정부는 퇴직자들을 위한 오락 체육과 문화활동을 강화시킬 필요가 있다.

중국의 어느 성에서 실업을 해결한 사례를 보자. 이 성의 실업 인구는 1,000만 명에 달할 정도로 아주 심각했다. 성은 실업 인구를 분류했는데, 마지막 남은 100만 명을 분류할 방법이 없었다.

당시 누군가 회의에서 제의하길 이 100만 명으로 팀을 구성하여 각 왕조(王朝)의 북을 치게 하자고 했다. 매일 기상시간에 사람들을 집합시켜 북을 치게 하고 점심에는 도시락을 제공하며, 오후에 다시 북을 치게 하고 저녁 무렵 다시 도시락을 제공한 후 귀가시키자는 것이다.

이 계획을 제시했을 때 누군가 매일 도시락 2개에 해당하는 비용은 누가 부담하느냐고 물었다. 당시 강단 아래에 앉아 있던 여러 시장이 잇달아 손을 들어 이 돈을 기꺼이 내겠다고 했다. 2개의 도시락으로 실업문제를 해결할 수만 있다면 그 방법이 아주 효율적이라는 사실을 그들은 알고 있었던 것이다.

교육, 오락, 건강, 심미로 발전 방향을 조정

가장 중요한 것은 역시 서비스업의 발전 방향을 조정하는 것이다. 현재 요식업의 경우 지나치게 포화된 상태다. 이는 불가사의한 현상 가운데 하나인데, 많은 식당 점원이 사장과의 불화로 독립해 나와 비슷한 식당을 또 차리는 것에서 비롯하기도 한다.

인간의 기본적인 8대 욕구는 의, 식, 주, 교통, 교육, 오락, 건강, 심미며, 의, 식, 주, 교통의 4가지 업종은 거의 모두 포화상태다. 자동차 판매량은 매년 감소하고 있으며 부동산도 공급과잉이라 빈집이 많다. 대부분의 사람들이 다이어트에 열광하고 있으며 너무나 많은 옷들이 포화상태로 넘쳐나고 있다. 현재 이러한 업종에 대한 재투자는 아무런 가치가 없다. 그러므로 우리는 교육, 오락, 건강, 심미 등의 발전 가능성이 큰 업종으로 투자를 전환해야 한다.

신노동창출 부서

21세기 정부가 해야 할 가장 중요한 임무는 국민들을 도와 계속 일자리를 찾아주는 것이다. 나는 하루 빨리 노동위원회가 기능을 바꾸어야 한다고 여러 번 강조했다. 지금 노동위원회의 기능은 노사분규를 해결하는 것이지만 고용기회가 감소하여 노사분규 역시 감소하는 추세다. 그러므로 노동위원회에 반드시 필요한 기능은 새 일자리를 창출하는 것이다. 과거 유럽과 미국의 경우 실업률이 10% 이상에 도달하는 것은 '단순한 사건'이 아니라 '유일한 사건'이었다. 지금도 마찬가지다. 실업은 오늘날의 최대 문제이기 때문에 새로운 일자리에는 어떤 것들이 있는지를 전문적으로 연구할 사람들이 있어야 한다.

신중소기업 육성센터

이 외에도 하루 빨리 새로운 중소기업을 육성해야 한다. 대만은 중소기업에 의존하여 발전했기 때문에 전국에 100만 개 이상의 중소기업이 있는 것으로 알려져 있다. 그러나 오늘날에는 과거 중소기업을 육성하던 방식을 그대로 사용하거나 노동자의 성실성에 의지하여 경쟁한다면 생존할 수 없으므로 신중

소기업(New SME(Small and Medium-sized Enterprises))을 육성
해야 한다.

나의 스승인 동시에 《제3물결》의 저자인 토플러 박사는
"2010년 미국에는 '고용(employment)'이라는 단어가 없어질
것이며 미래 사람들은 스스로가 자신을 고용해야 할 것"이라고
말했다. 단적인 예로, 일본의 대학들은 이미 창업과를 개설하
고 학생들에게 창업이라는 개념을 훈련시키기 시작했다. 우리
는 신중소기업 개념을 정립하여 각국이 처해 있는 청년, 중년
의 실업문제를 해결할 수 있도록 이 개념을 알려야 한다.

그렇다면 새시대에는 어떤 모델로 신중소기업을 경영해야
하는가?

1. 신중소기업의 비즈니스 모델

사무실 없는 무역회사(Officeless Trading Company)

대만의 중소기업은 아이디어 개발과 무역을 전담하고, 노동
력이 넘쳐나는 중국은 설계와 제조를 전담한다. 이 틀을 잘 만
들 수만 있다면 신중소기업에 새로운 방향을 제시할 수 있다.

무점포 서비스업(Non-Store Service Industry)

출장서비스를 제공하는 미용실과 같은 서비스업을 촉진하면

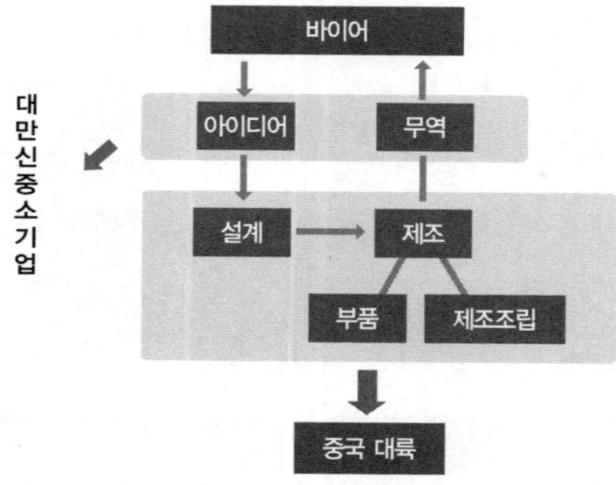

사회에 남아도는 유용한 인력자원을 흡수할 수 있다.

2. 신중소기업의 구조

"I am my company." 이 말은 델컴퓨터 광고에서 인용한 것이다. 누구든 노트북컴퓨터, 휴대폰, PDA, 이른바 '미래의 3대 필수품'만 한 대씩 가지고 있으면 '사무실 없는' 회사를 경영할 수 있다는 말이다. 이것도 내가 말하는 신중소기업의 구조 가운데 하나다. 나 역시 11년간 사무실 없이 사업을 운영해 왔다.

이런 구조에서는 사무실 임대료와 인건비가 전혀 들지 않으므로 설계, 제조 등은 중국 대륙에 외주를 맡기고 대만은 제품개발, 시장개척, 고객관리를 전문적으로 담당하면 된다. 이것이 신중소기업의 구조다.

중국 대륙의 땅값이 대만보다 저렴하다고 강조하는 사람도 있었지만 사무실이 없으면 그들과 같거나 더 적은 비용으로 기업을 운영할 수 있다.

또한 중국 대륙의 인건비는 대만보다 저렴하다. 어떻게 해야 이 점을 극복할 수 있을까? 바로 너무 많은 사람을 고용하지 않는 것이다.

회사를 차린 후 곧바로 증자하려 하지 마라. 사무실을 임대한 후 내부 인테리어를 하고 직원까지 늘리면 사업을 시작하기도 전에 돈을 다 써버리게 된다. 아직도 이런 생각을 가진 사람이 있다면 회사 차릴 생각을 하지 않는 것이 좋다.

스쯔이 박사는 언제나 "회사를 차리는 데 왜 사무실이 필요한가? 왜 맥도널드나 KFC, 심지어 인터넷 카페로 출근하지 못하는가?"라고 말한다. 그곳에는 음식도 있고 회의실도 있으니 회사로 출근하는 것과 다를 바가 없다는 것이다. 우리는 단지 전통사상의 패턴에서 벗어나지 못했을 뿐이다.

중국 대륙과 경쟁하기 위해서는 그들의 장점과 위협을 완전히 제거해야 한다. 사무실 임대료, 인사비용을 없앤 다음 그들의 장점을 이용하여 설계나 제조를 책임지게 하고, 대만은 제품개발과 시장개척, 고객관리를 전적으로 담당하면 된다.

미국의 기업들이 대만으로 진출한 사업을 예로 들어보자. 과거 미국의 기업들은 거금을 들여 대만에 공장을 세웠다. 하지만 많은 사람들을 고용했기 때문에 인사문제를 처리하느라 늘 바빴다. 이러한 시행착오를 겪은 후 그들은 국제구매사무실(IPO)을 설립하고 현지의 유능한 인재 몇 명만을 고용했다. 대만 공장이 수만 명의 직원을 직접 고용하고 미국의 기업들은 비용만 담당하여 미국의 기업이 주문서를 내면 대만 공장이 제품을 생산했다. 이 때문에 경기가 좋지 않을 때도 미국 기업들은 몇 사람의 인건비만 부담하면 되지만 대만 공장은 수만 명의 인건비를 부담해야 한다. 이것이 바로 가장 합리적인 경영방식이며 내가 말하는 '신중소기업'의 구조다.

3. 신중소기업 경영방법 : '사무실업무'의 인터넷 서비스화

회사를 차리려면 사무실이 필요하다. 사무실은 주로 정보수집, 정보생성, 정보전송, 정보저장, 고객상담 등을 위한 장소다. 하지만 오늘날에는 이런 일들을 인터넷으로 처리할 수 있으므로 사무실이 필요하지 않을 수도 있다. 이 서비스들을 인터넷으로 가져가 센터(HUB)만 만들어 놓으면 중소기업도 택시기사나 명의만 걸어놓은 여행사의 비공식 직원처럼 모든 서비스를 받을 수 있는 것이다. 이것도 우리가 현재 추진하고 있는 9만

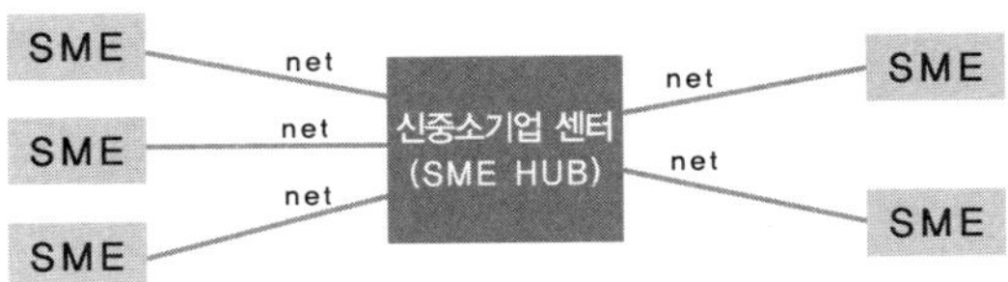

대만달러(2,500달러)의 재택 창업 계획에 속한다.

가정주부들은 가사 때문에 풀타임으로 일하지 못한다. 그러나 머리를 잘만 쓰면 자투리 시간을 활용하여 집에서도 창업을 할 수 있다. 젊은이는 물론 중년 실업자도 이런 모델을 바탕으로 창업을 할 수 있다.

미래의 중소기업은 그림 4-2의 구조처럼 인터넷을 통해 중소기업 서비스센터에 연결될 것이다. 앞으로 이러한 신중소기업 센터가 여러 개 생기기만 하면 중소기업은 인터넷으로 센터에 정보수집, 정보저장을 위탁할 수 있다.

회의를 개최할 때는 별 5개짜리 호텔에 룸을 하나 빌려서 진행하여 기업업무를 추진, 확장시킨다. 이렇게 해야 활동성이 커진다.

오늘날 기업은 한 푼이라도 아끼면서 경쟁해야 하는 시대에 이르렀다. 사용하는 사람 없이 대부분의 시간이 비어 있는 회의실은 회사의 최대 낭비다. 여러 기업에서 "앉을 자리가 모자라는데 어떻게 합니까?"라고 나에게 묻곤 한다. 나는 회의실을 부수고 그래도 자리가 모자라면 사장 사무실을 부수라고 대답한다.

다른 서비스도 마찬가지다. 왜 비서나 회계사를 고용해야 하는가? 센터 자원을 이용하면 회계사를 고용하지 않아도 된다. 고정관념을 바꾸고 네트워크가 생성되면 신중소기업은 가능해질 것이다.

4. 사무실 없는 회사의 실제경영

사무실 없이 회사를 경영하는 것은 매우 간단하다. 컴퓨터를 능숙하게 사용하지 못해도 된다. 휴대 가능하고 조작이 간단한 소프트웨어를 센터가 제공한다.

예를 들어 오늘 편지 한 통을 쓰고 싶다고 하자. 우선 '1'을 누르고 비서에게 서비스를 요청한 다음 직접 인터넷서비스에 접속하면 다른 터미널의 센터에서 비서서비스를 해주는 사람이 편지를 완성한 후 당신에게 보내준다.

또한 고객과의 거래에서 법률서비스가 필요하다면 인터넷에서 '8'을 눌러 센터 법률서비스를 제공받을 수 있다. 그 밖에도 센터는 세무신고서비스도 제공한다. 따라서 세무신고를 위해 회계 직원을 고용할 필요가 없다.

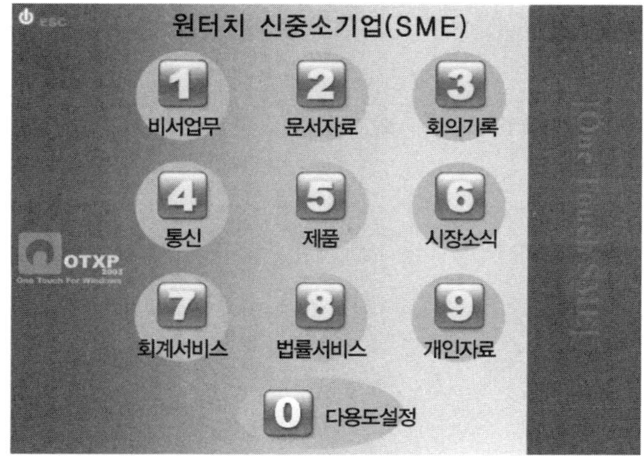

자료저장에도 센터를 이용할 수 있다. 또한 회의기록이나 영
상자료까지도 조회, 열람할 수 있다. 제품수출 상황을 조회하
면 제품생산이 어떤 단계에 있는지, 어느 곳으로 운송됐는지,
소개해야 할 제품에는 어떤 것이 있는지를 보여준다. 이는 마
치 사이버 비서와 같아서 초고속 인터넷과 무선 휴대폰을 통해
많은 자료를 쉽게 얻을 수 있다.

이렇게 하면 그렇게 많은 직원을 고용할 필요가 없으며 직원
들은 어느 지역에서든 근무를 할 수 있다. 사용자는 사용한 만
큼 비용을 부담하면 된다. 9만 대만달러 창업은 통신비용과 일
정한 비용만 지불하면 창업이 가능하며, 장기간 고비용을 지출

하는 사무실이나 직원은 필요 없다. 이것이 내가 생각하는 신중소기업 방안이다.

5. 9만 대만달러의 재택 창업

무점포 서비스업(Non-store Service Industry)은 신중소기업 센터의 서비스 대상이다. 신중소기업 센터를 신청한 회원은 신중소기업 센터를 통해 신속하게 개인 회사를 설립할 수 있을 뿐 아니라 서비스를 제공할 직원이나 비즈니스를 찾을 수도 있다.

9만 대만달러로 중소기업을 대신해 아래의 일들을 할 수 있다.

- 회사등기 수속업무 : 중소기업을 도와 회사등기 수속, 명함인쇄 등을 처리한다. 관련 비용은 중소기업이 부담한다.
- 3가지 필수품 : 노트북컴퓨터, PDA, 휴대폰은 중소기업이 준비한다. 제작된 소프트웨어를 설치하여 하나의 시스템으로 연결한다.
- 인터넷연결 수속업무 : 수수료는 중소기업이 부담한다.
- 신중소기업 육성반 : 6시간 또는 9시간의 학급과정을 개설하여 어떻게 컴퓨터를 사용하며 무슨 일을 할 수 있는지 등 창업 관련 과정을 가르친다.
- 비즈니스 정보 제공

다음은 신중소기업을 위해 계획된 서비스 항목이다.

- 비서서비스
- 법률서비스
- 회계서비스
- 자재구매서비스
- 외부의 위탁가공서비스
- 우편업무

단기적인 실업대책

소비를 증가시킬 수 있는 방법을 강구하는 것이 가장 좋은 방안은 아니지만 단기실업을 해결할 수 있는 하나의 대책이 될 수는 있다.

현재 직면한 문제는 장기적인 실업문제만이 아니다. 단기적인 실업문제는 어떻게 해결할 수 있을까?

상품권 활용

실업구제는 되도록 실시하지 않는다. 실업구제는 국민들을 점점 더 게으르게 만들 뿐이다. 나는 소비를 증가시키기 위해서는 최근 일본에서 채택한 방법이 적합하다고 생각한다. 일본은 실업자에게 현금을 주지 않고 상품권을 발급해 준다. 사람들이 그 상품권을 가져가 물건을 사면 자연스럽게 소비순환이 이루어지기 때문이다. 이렇게 하면 실업자들이 상품권으로 복권 같은 것을 사지는 않을 것이다.

정말 구제해야 하는 사람들도 있다. 몇조에 달하는 대만달러를 은행에 넣어두고서도 몇만 대만달러 때문에 자살하는 사람이 생긴다면 사회구제 메커니즘이 완벽하지 않기 때문이라고 볼 수 있다. 이런 경우는 심각하게 검토해야 한다.

임시직업 조절센터 건립

각 시나 현에 임시직업 조절센터를 설립하도록 제안하는 바이다. 지금 사회는 매일 출근하여 월급을 받을 수 있는 일이 점점 더 줄어들고 있다. 그러나 자질구레한 일은 여전히 있다. 예를 들면, 회의를 개최하게 되면 회의장 설치를 도와줄 사람이 필요하다. 또는 선거 때 전단을 나눠주거나 전화를 받아주기 위해 단기적으로 사람이 필요한 경우도 있다. 고정적인 일이 없어도 매달 며칠씩만 일하면 생계에 도움이 될 것이다.

소비증가 유도

오늘의 대만 경제는 투자를 증가시킨다고 해서 실업문제가 해결되는 것은 아니라고 본다. 대만의 문제는 사람들이 돈이 있으면서도 쓰지 않는 것이다. 소비를 증가시킬 수 있는 방법을 강구하는 것이 가장 좋은 방안은 아니지만 단기실업을 해결할 수 있는 하나의 대책이 될 수는 있다. 경제가 좋고 나쁨은 재화가 이동하는 기초 위에 세워져야 하기 때문이다. 대만은 현재 은행에 거액이 쌓여 있다. 사람들이 이 돈을 써서 소비가 증가한다면 재화의 유통과 경제성장이 촉진되는 동시에 실업을 개선할 수 있다.

모든 문제에는 해결책이 있다

나는 《동아시아 금융위기》를 저술하던 당시 동아시아 금융위기의 피해를 당한 국가들을 방문했다. 한국에 갔을 당시 한국은 날씨가 매서웠는데 금융위기로 사회 전체 분위기는 더욱 차가웠다. 사업을 하는 사람이 하루에 한 명씩 자살하는 상황이었다. 나는 방문 일지를 쓰면서 눈물이 절로 나왔다.

"오늘날 대만에도 실업으로 인해 자살하는 사람이 생겼다.

정말이지 마음이 착잡하기 그지없다. 대만은 그동안 여러 차례의 고난과 예상치 못했던 사고를 잘 견디어냈다. 나는 금융위기의 피해자들에게 모든 문제는 해결책이 있으며 모든 어려움은 축복이 될 수 있다고 말해 주고 싶다."

당시 내가 한국에 있는 친구들에게 이렇게 말하자 그들은 매우 고마워했다. 그러나 당시 그들은 축복이 있을 것이라고 느끼는 것 같지는 않았다. 그러나 요 몇 년 사이 한국에서 나타난 경제적 성과는 동아시아 금융위기의 타격이 그들에게 축복을 가져다줬음을 말해 주고 있다.

5

공급과잉 시대의
창업에 대한 자세

공급과잉 시대의 변화 읽기

이제 대량실업과 미래에 대한 불확실성은 세계적으로 보편적인 문제다. 우리는 시대적 전환기에 직면한 것이다. 변화를 읽을 수 있는 사람만이 기회를 잡을 수 있다. 반대로 이런 변화를 무시하는 사람은 위기에 처할 것이다.

지금은 이전과는 완전히 다른 새로운 시대다. 대만은 전환기에 처해 있다. 인류는 농업시대에서 공업시대로 전환할 당시 수만 명이 직업을 잃었다. 영화 〈간디〉에서는 간디가 주민들과 함께 방직공장을 태우는 장면이 나온다. 사람들은 수공 직물방직으로 돌아가는 것이 실업문제를 해결하는 최선의 방법이라고 여겼지만 앞선 과학기술이 있음에도 이를 사용하지 않고 낡은 방식으로 되돌리려 하는 것은 현실에 맞지 않다.

인류는 전환기에 여러 가지의 어려움을 겪는다. 농업을 예로 들어보자. 갑자기 경운기로 농사를 지으면, 손으로 농사를 짓던 사람들은 일자리를 잃게 되고 실업자는 폭증한다. 그렇다고 경운기를 부숴버리지는 않았다. 오히려 당시의 해결책은 공업 사회로 빨리 전환하는 것이었다. 남아도는 농업인력은 공업사회의 인력으로 전환됐고, 그렇게 공업사회가 발전함에 따라 사람들은 점점 더 바빠지고 일손도 부족해졌다.

오늘날 우리는 또다시 인터넷이라는 완전히 새로운 시대로 접어들었다. 이 시대는 전 세계가 서로 연결되어 있다. 오늘의 실업은 단순히 생산시설이 중국 대륙으로 옮겨가서 발생한 것이 아니다. 이것은 여러 가지 요인 가운데 하나일 뿐이다. 대만에 있는 950여만 명의 노동자 가운데 생산시설의 이전으로 영향을 받은 사람은 몇십 만 명에 불과하다.

이제 대량실업과 미래에 대한 불확실성은 세계적으로 보편적인 문제다. 우리는 시대적 전환기에 직면한 것이다. 공업제품의 생산은 자동화 기기로 대체됐고, 그에 따른 대량생산은 공급과잉 현상을 초래하고 있다.

마찬가지로 과학기술의 발달로 많은 일이 컴퓨터로 대체됐다. 과거에는 은행에 가서 돈을 인출하려면 번호표를 받고 은행원이 돈을 계산해 주기를 기다려야 했다. 그러나 지금은 자신이 ATM에서 버튼 몇 개만 누르면 된다.

과학기술로의 업무대체와 자동화가 빚어낸 공급과잉은 사회 전체가 전환하고 있음을 의미한다. 아직까지도 이전에 하던 일을 고집하고 그대로 봉급만 받으면서 정부에게 이런 일을 해결해 달라고 하는 것은 명백히 시대착오적인 발상이다.

지금 우리는 시대적 전환기에 직면해 있다. 변화를 읽을 수 있는 사람만이 기회를 잡을 수 있다. 반대로 이런 변화를 무시하는 사람은 위기에 처할 것이다.

이 책의 내용이 어쩌면 생소할 수도 있지만 나는 인간의 욕구를 살펴 미래 비즈니스 모델이 어디에 있는지를 분석했다. 나는 구체적인 내용보다는 사람이 사유하는 방식에 대해 얘기하고자 했다.

창업에 필요한 다섯 가지 조건

성공한 기업가들은 모두 위험에 직면한 경험이 있다. 그들은 그때마다 "바람을 타고 나아가라, '위험'을 타고 올라가라"고 말한다. 나는 이것이 가장 중요한 창업가 정신이라고 생각한다.

우리는 이미 농업제품, 공업제품이 모두 포화상태인 시대로 접어들었다. 한편 인간의 욕구를 만족시키는 서비스가 경제의 중심에 자리 잡은 인터넷시대를 향해 힘차게 나아가고 있다. 인터넷시대가 제공할 수 있는 비즈니스 모델은 공업시대가 제공할 수 있는 비즈니스 모델보다 훨씬 규모가 크다. 내 파트너인 예궈이 회장은 자주 이렇게 말한다. "우리도 지금 할 일이 없어 이렇게 걱정하고 있는데 우리 자손들은 무엇을 할 것인가!"

나는 과거 수십 년간 창업을 하겠다며 퇴직하는 동료들을 자주 봤다. 나는 그들에게 몇 가지를 묻곤 했다. 내가 가장 자주

했던 질문은 "당신은 창업 조건을 구비했습니까?"였다.

창업의 조건이란 무엇인가? 창업을 하기 위해서는 최소한 아래 다섯 가지의 조건을 구비해야 한다. 이 다섯 가지 조건을 구비했다 해도 반드시 성공한다고 할 수 없다. 하물며 이 다섯 가지 조건을 갖추지 못했다면 실패할 확률은 훨씬 커진다는 것을 기억하자.

1. 전문지식

어느 날 기계설계 엔지니어인 직원 한 명이 나를 찾아와 창업을 해서 구두를 판매하겠다고 말한 적이 있다. 창업을 하는 것이 나쁘지는 않다고 생각하기에 왜 구두를 팔려는지를 물었다. 그는 자기 아버지가 구두를 파는 사람이라고 말했다. "그럼 당신은 그에 관한 전문지식을 갖고 있습니까?"라고 내가 물었다. 그러자 그는 "구두 파는 데 무슨 전문지식이 필요합니까? 나는 이렇게 복잡한 기계도 설계하는데 구두 파는 것이 뭐 어렵겠습니까?"라고 답했다.

하지만 모든 업종은 고유한 전문영역이 있으므로 구두판매에도 당연히 그 업종만의 노하우가 필요하다. 그러므로 개업하기 전 구두점에서 일정 기간 일한 후 전문지식을 갖추고 창업하는 것이 가장 좋다고 말해 줬다.

2. 업무능력

내 친구 가운데 한 명은 일본에 있는 중국식당에서 요리사로 일한다. 그의 요리 실력은 아주 뛰어나 어느 식당을 가든 그 식당의 사업이 번창할 정도였다. 그래서 그는 남 밑에서 일하는 것보다 자신이 개업하는 게 낫겠다고 맘먹었다. 그러나 그는 개업을 할 때마다 망했다. 그는 의아해 하며 나에게 물었다. 사실 그의 문제는 업무능력이 없다는 것이었다. 요리사업은 요리 실력만으로 성공할 수 없다. 맛있는 요리를 할 수 있다 해도 만들 줄만 알고 팔 줄 모르면 소용없는 것이다.

3. 조직능력

기업은 책임과 역할에 따른 수직구조다. 그러므로 직원을 적재적소에 파견하고 기업의 제도와 규칙 안에서 일하게끔 지도할 수 있는지 여부가 창업의 중요한 조건이 된다. 회사 전체가 얼마나 활기를 띠는지가 여기서 결정된다고 해도 과언이 아니다.

4. 재테크능력

당신은 가계부를 정리하는 습관이 있는가? 자신의 돈도 소홀히 관리한다면 어떻게 회사 전체의 돈을 관리할 수 있겠는가? 재무보고서를 볼 줄 아는 능력이 있어야 할 뿐 아니라 재무보고서를 받을 때의 심정이 연애편지를 보는 것처럼 즐거워야 한다. 이런 경지에 이르러야 재테크능력을 가졌다고 할 수 있다.

5. 자금

창업의 마지막 조건은 자금이다. 많은 사람이 이 점을 오해해 돈을 친척이나 친구에게 빌리기만 하면 창업을 할 수 있다고 생각한다. 하지만 이는 크게 잘못된 생각이다.

이상 다섯 가지 조건을 구비하는 것이 창업의 첫걸음이다. 그러나 이러한 조건을 갖추었다 해도 위험을 감당할 자신이 없다면 아무 소용이 없다.

한 기업가가 있었다. 그 시대의 사람들은 늘 자기 기업을 자녀에게 물려줬다. 그 기업가도 마찬가지였다. 그는 회사경영을 염두에 두고 아들을 독립적으로 키웠다. 그의 아들은 중학교 때부터 스스로 독립해 아르바이트를 하면서 공부했으며, 대학에 들어가서는 가정교사를 하며 학비를 벌었다. 대학 졸업 후 아들은 공채시험을 거쳐 아버지 회사에 들어가 근무했고 밑바닥부터 한 단계 한 단계씩 올라가 20년 후 사장 자리에 앉았다. 하지만 유감스럽게도 아들이 사업을 승계한 후 회사는 도산위기에 처했다.

이 회사의 경영방식이 실패한 주요 원인은 전체 과정에서 '위험'에 대한 단련이 빠졌다는 데 있다. 그 기업가의 아들은 조만간 자신이 최고 자리에 앉을 것이라는 것을 처음부터 알고 있었고 회사의 모든 간부들도 마찬가지였다. 때문에 그는 위기 상황을 겪지 못했고, 창업주인 아버지처럼 파산위기에 현명하게 대처할 수 없었던 것이다.

진정한 기업가가 되려면 경험과 지식이 있어야 할 뿐 아니라 위험을 감당할 수 있다는 정신으로 무장해 있어야 한다. 그렇지 않으면 성공하지 못한다. 대부분의 사람들은 기업가가 성공한 이유는 어느 정도 운이 따랐기 때문이라고 생각한다. 하지만 사실 이런 일은 없다. 그들의 성공은 운이 아니라 강건한 유비무환의 정신에서 나온 것이다.

이처럼 성공한 기업가라면 누구나 위험을 이겨낼 수 있다는 강한 정신과, 언제든 자신의 회사가 도산할 수도 있다는 위기의식을 갖고 있다. 내가 한 말이 그다지 마음에 와 닿지 않을지도 모르지만, 창업주들은 모두 이런 위험 속에서 단련되어 진정한 기업가가 됐다.

마지막으로 《사막의 오아시스》에서 내가 좋아하는 문구를 여러분과 함께 나누고 싶다.

늘 삼림 속에서 자라고 있는, 하늘을 찌를 듯 높이 솟은 푸르른 나무들은 모두 하나의 공통점을 가지고 있다. 그것은 바로 나무 줄기 전체가 비바람에 맞은 상처로 가득하다는 점이다.

성공한 기업가들은 모두 위험에 직면한 경험이 있다. 그들은 그때마다 "바람을 타고 나아가라, '위험'을 타고 올라가라"고 말한다. 나는 이것이 가장 중요한 창업가 정신이라고 생각한다. 끝으로 모두가 창업관리라는 의제를 중시하여 대만이 하루 빨리 창업형의 새로운 사회로 전환되기를 바란다.

지혜롭고 용감한 원스렌 선생

스쯔이(石滋宜)
세계 화교 경쟁력 기금회 회장

인류에 대한 원스렌(溫世仁) 선생의 사랑은 그의 이름과 같이 '세상 사람들(世)'에게 '어진 사랑(仁)'을 가져다줬다. 그의 과거를 회고해 보면 그가 '지혜롭고, 인자하며, 용감한' 사람이었다는 것을 깊이 느낄 수 있다.

한 권의 책을 읽기 전, 먼저 저자를 이해해야 한다고 나는 늘 말한다. 그래야 저자가 쓴 책의 의도를 더 잘 이해할 수 있기 때문이다. 때문에 나는 원 선생에 대한 나의 기억을 독자들과 공유하고 싶다.

20여 년 전, 내가 캐나다에서 대만으로 돌아와 공직에서 일하고 있을 때 원 선생을 알게 됐다. 그러나 1997년 공직을 떠난 후에는 원 선생을 접촉할 기회가 더 많아졌다. 우리는 함께 각지를 여행하고 강연하면서 막역한 친구가 됐다.

원 선생은 아주 겸손한 분으로 출판한 저서도 아주 많다. 그는 내가 1995년 5월에 출간한 저서 《세기의 변혁》을 몇십 번을 읽었으며, 읽을 때마다 자신에게 새로운 영감을 준다고 말하기도 했다.

그가 강연하는 자리에서 기자들과 짓궂은 사람들이 예리한 질문을 던져 곤경에 빠트리기도 하지만 그는 언제나 차분하고 부드러운 음성으로 높은 지성을 담은 답변과 해석을 해줬다. 그가 조금이라도 언짢아하는 것을 본 적이 없는데, 나는 이 점에 더욱 감복했다.

《제3물결》의 저자 토플러 박사는 원 선생에게 "당신은 미래학자가 아니라 '미래를 설계하는 학자'입니다. 우리는 미래를 연구하지만 당신은 미래를 실현시키고 싶어하니까요"라고 말했다.

원 선생은 일에 대한 관찰력이 뛰어나다. 그는 진취성과 통찰력뿐만 아니라 무엇보다 중요한 요인인 '사심 없는 마음'까지 갖추었다. 그가 미래학을 연구하는 목적도 사람들에게 문제를 해결하는 길을 찾아주기 위해서다.

그는 미래의 전쟁이 빈곤 대 부의 싸움일 것이라 생각했다. 9·11테러가 바로 그 증거다. 그래서 그는 '천향만재' 계획을 제시했고, 세계적인 빈곤에서 사람들을 구하기 위해 우선 중국 대륙에서부터 계획을 세워 빈곤한 사람들이 스스로 재화를 창조하고 생활을 개선하게 하고자 했다.

그는 또 미래에는 높은 실업난에 직면할 것으로 예측하고 산학협동의 '최후 1마일', 대만의 '박사 백만인 계획' 등의 집행을 우리 기금회에 위탁하여 대만의 고실업 해결과 산업경쟁력을 높이는 데 도움이 되기를 기대했다.

대만과 같은 정치환경에서는 기업이든 조직의 지도자든 중국과 '관계가 있다'라는 딱지가 붙기를 원하지 않는다. 하지만 원 선생은 진실만 추구하는 성격이라 "내 몸 안에는 중화민족 오천년의 피가 흐르고 있습니다"라고 공개적으로 말하곤 했다. 이 말은 사실이다. 그러나 정치를 하거나 사업을 하는 사람들 가운데 감히 이런 말을 할 수 있는 사람은 드물다. 왜일까? 이념의 차이로 인해 기업가가 정부와 투쟁한다면 그의 말로는 처참할 것이기 때문이다.

지금부터는 이 책에 대해 말해 보려고 한다. 공급과잉의 세계를 말하고 있는 이 책은 진취적인 관점을 많이 담고 있어 관심을 기울일 만하다.

경제발전은 돈이 많고 적음에 달려 있는 것이 아니라 돈의 흐름에 달려 있다. 원 선생이 중국 서부의 빈곤지역에 '천향만재' 계획을 추진한 것은 바로 이 이론을 실천하기 위해서다. 그는 저서 《중국 경제의 미래》 및 강연에서 거지 3명이 2원을 유통시켜 어떻게 생활을 개선시켜 가는지에 대한 이야기를 거론했다. 이 고사는 매우 간단하지만 돈이란 유통될 때만 부를 창조하고 생활을 개선시킬 수 있다는 이치를 사람들에게 쉽게 이해시켜 줬다.

일본은 13조 달러에 달하는 거액을 갖고 있지만, 10년 동안 불경기였다. 홍콩도 마찬가지로 700만 명의 인구가 3조 홍콩달러에 달하는 예금을 보유하고 있지만 수심에 가득 차 있다.

원 선생은 이러한 가장 큰 이유가 믿음이 없기 때문이라고 봤다. 사람들이 미래에 대해 비관적이라서 소비하려 하지 않는다는 것이다. 소비하려 하지 않으니 자연 돈이 돌지 않는다. 흐르지 않는 돈은 죽은 돈이라 경제에 아무런 도움이 될 수 없다.

비즈니스 모델은 인간의 욕구에서 비롯된다. 그리고 욕구는 사람의 가치관에서 비롯된다. 원 선생은 우리가 공급과잉의 세계에서 살아남기 위해서는 새로운 비즈니스 모델을 끊임없이 창조해야 한다고 생각했다. 그래서 즉각 실시할 수 있는 여러 가지 비즈니스 모델을 제시했다.

이는 내가 늘 얘기하는 것과 같다. 지식 자체는 가치가 없다. 지식을 응용하는 방법을 알아야 자신의 지혜로 만들 수 있다.

인류는 공급과잉의 세계에 처해 있다. 이러한 현상은 이미 나타났으며 점점 더 심각해질 것이다. 만약 우리가 환경에 좌우되고 싶지 않다면 현실을 직시하고 준비해야 한다. 나는 이 책이 정부 관료부터 각 지방의 책임자, 기업가, 일반 독자가 모두 읽어야 할 책이라 생각한다. 한두 시간만 들이면 큰 지식을 얻을 수 있으므로 기꺼이 이 책을 추천한다.

인자(仁者)는 사라져도 고독하지 않다

린창셩(林蒼生)
통일그룹 총재

몇 년 전 원스렌 선생과 내가 일본의 신칸센 열차에서 긴 시간 동안 나눈 이야기를 회고해 보면, 둘 다 전기공학도 출신이어서 사업에 대한 관심이 똑같이 중국 대륙으로 발전해 있었기 때문인지 우리의 이야기는 상당히 깊이가 있었다.

그는 자신이 살고 있는 방식이 21세기의 국제인이 생활하는 방식으로 1년에 200일 이상을 비행기 안에서 보낸다고 말한 적이 있다. 당시 나는, 50세 이후 공익에 헌신하겠다는 바람으로 일생 동안 쌓아온 것을 다 쓰면서, 인도주의 사상이 짙고 인문에 대한 관심도 많은 사람이 어찌 이렇게 바쁜 생활을 하는가라고 의아해한 적이 있다. 그래서 그더러 생활방식을 고쳐보라고 권했다. 그러나 그때 이것저것 이야기하다가 알게 된 그의 이상, 선견지명, 포부와 실행력은 나를 감복시켰다.

그는 이렇게 말한 적이 있다. "똑같은 서부개발이라도 미국은 말을 타고 총을 들고 들어갔지만 중국은 PC를 들고 비행기를 타고 들어갈 것이다. 인터넷을 이용하기만 하면 중국 곳곳에서 황양천을 볼 수 있으며 중국의 서부개발은 10년이면 달성될 것이다."

원스렌 선생은 늘 일정이 빡빡하여 나와 의견을 교환할 기회는 그리 많지 않았으며 늘 원스렌 선생의 저서를 화제로 삼아 교류할 수밖에 없었다. 나는 그의 대작인 《중국 경제의 미래》에 서문을 써달라는 요청을 받은 적이 있었는데 다시 요청을 받은 이때 그는 이미 고인이 됐으니 어찌 인생무상이 느껴지지 않겠는가!

《공급과잉쇼크》는 원스렌 선생의 비서 장아이쮸 씨가 그가 남긴 원고를 정리하여 만든 것으로 책 곳곳에서 뜻을 다 이루지 못한 아쉬움과 대만의 미래를 걱정하는 넓은 마음을 볼 수 있다. 책에서 그는 지금 세계 여러 곳의 농산품, 공업제품, 기초건설, 부동산, 판매 루트, 화폐, 정보, 인력자원은 물론 심지어 지적재산권까지 모두 공급과잉 현상이 보이며, 이 현상이 저마진시대를 야기했다고 지적하고 있다.

공급과잉의 세계에서는 경험적 이론과 과거 당연시되었던 진리가 모두 변화했다. 농업사회, 공업사회, 정보사회를 돌이켜 보면 전환의 임계점은 사실 언제나 똑같다. 먼저 마음가짐이 바뀌어야 운명이 바뀐다!

농업사회가 공업사회로 넘어갈 때 노동력은 도시, 공장으로 집중되어 지주는 '떠나서 돌아오지 않는' 농부들이 고향으로 돌아오기를 마냥 앉아서 기다릴 수밖에 없었다. 마찬가지로 오늘날 정보의 발전 추세는 막을 수 없다. 그러나 정보사회에 대한 충격에 저항하며 변화하기를 거절하는 사람들은 아직도 많다. 과학기술을 맞이하고 새로운 시대의 사고를 새로운 시대 흐름에 투입해야만 성장하는 미래로 나아갈 수 있다는 것을 아직 모르는 것이다.

새로운 시대의 도전에 직면하여 독자들은 윈스렌 선생의 글이 제시하는 대로 개방적인 마음가짐, 거시적 시각, 참신한 시야를 가지고 지금의 환경과 미래 추세에 대해 이성적으로 관찰하면서 구체적인 행동방향을 생각할 수 있으리라 믿는다. 아마도 머지않은 미래에 우리는 윈스렌 선생이 이 책에서 언급한 이상들이 반짝이는 아이디어로 세계 각지에서 꽃을 피우고 열매를 맺는 광경을 볼 수 있을 것이다.

책을 만지며 윈스렌 선생을 회고해 본다. 대만에 윈스렌 선생이 있었기에 양안의 젊은이에게 희망이 되고 모범이 됐으니 이 어찌 다행스럽지 않은가! 또 이처럼 바삐 세계를 넘나들고 또 바삐 세상을 떠나셨으니 어찌 아쉽지 않겠는가! 윈스렌 선생의 일생은 왼쪽 뇌로 사유하며 이익을 창출하던 과학기술자에서 오른쪽 뇌를 쓰는 인문적인 지식인으로 바뀌는 과정이었다. 그는 인생에서 쌓아온 유형과 무형의 재화를 쏟아 부어 지혜와 열정으로 사리사욕이 없는 꿈을 몸소 실천했다. 만약 하늘이 인재를 시기한 것이 아니라면 윈스렌 선생의 인생은 더욱 멋지게 연출됐을 것이다.

윈스렌 선생은 이미 우리 곁을 떠나 멀리 갔지만 그가 남긴 업적은 그의 동료들을 통해 양안의 수천 수만의 젊은이들에게 영향을 주리라 믿는다. 그가 사람들에게 남긴 희망의 빛은 황양천에서부터 다시 수천만 개의 황양천으로 이어져 아름다운 세계가 될 것이다!

군자의 일생을 살다 가다

우홍치(吳鴻祺)
화교 창조사 회장

溫文儒雅	온화한 문장은 깊고 우아하다
世事洞明	세상사가 분명하며
仁厚宅心	어질고 너그러운 마음
弘道利生	널리 사람의 삶을 이롭게 하도다

원스렌 선생이 우리를 떠났다. 그의 생명의 악장은 비록 짧았지만 다채롭고 아름다웠다. 덕과 업적을 세우고 약속한 말을 실천하였으니 군자의 일생이었다. 여러 해 동안 원스렌 선생과 교류했던 기억을 통해 볼 때, 그의 마음 세계는 《장자》의 우화 속에 나오는 대붕에 비유할 만하다. 참새로는 도저히 알 수 없다.

원스렌 선생과의 여러 가지 관계를 회상해 보니 머릿속에 溫文儒雅(온화한 문장은 깊고 우아하다) 世事洞明(세상사가 분명하며) 仁厚宅心(어질고 너그러운 마음) 弘道利生(널리 사람의 삶을 이롭게 하도다)'라는 어구가 떠올랐다. 마침 그의 비서 장아이쭈 씨가 원스렌 선생의 원고를 《공급과잉쇼크》에 담아 정리하고 추모의 글을 부탁하니 그 인연 덕에 맨 먼저 읽는 영광을 얻었다.

종합적으로 볼 때 책 전체의 내용은 선견지명적인 통찰력과 창의적 사고를 갖추고 있다. 견해가 날카로운 데다가 자료는 정확하여 믿을 만하다. 또한 논리가 빈틈이 없고 문장 속 심오한 내용을 알기 쉽게 표현해 준 가작(佳作)이다.

지난 1년여 동안 나는 각기 다른 장소에서 원스렌 선생이 이 책의 5대 주제에 대해 강연하는 것을 10차례에 걸쳐 귀 기울여 들었다. 기업가, 정부 관료, 직장 동료, 젊은 학자들을 향해 원스렌 선생은 자신의 생각을 당당하고도 차분하게 말했다. 온화한 어조, 선량한 태도, 풍부한 내용, 우아한 수식어, 예리한 관찰력, 정확한 판단력, 자비로운 마음, 사리사욕이 없는 넓디넓은 도량으로 자신의 관점을 남들과 공유했다. 어떤 문제에 직면하든 끝까지 경청하고 갖은 노력을 다해 의혹을 풀어줬으며 청중과의 질의응답을 창의의 물줄기로 간주하여 조금도 피곤해 하지 않고 즐겼다.

　지금 고인은 이미 황학을 타고 가버렸으니 이러한 모습은 더 이상 추억으로 기대할 수밖에 없게 됐다. 다행스럽게도 이 책이 세상의 빛을 보게 되어 원스렌 선생의 꿈과 이상을 전할 수 있게 됐고, 더 많은 사람들이 함께 노력하면 아름다운 신세계가 실현될 수도 있을 것이다.

　원스렌 선생은 "정보에 사고를 더하면 지식이 되고, 지식에 창의를 더하면 지혜가 된다"고 늘 말했다. 이 책은 대량의 정보, 지식 및 지혜를 담고 있다. 또한 원 선생은 "세상에는 한 가지 사람, 즉 관심이 필요한 사람만이 있을 뿐이다"라고 말했다. 이 책에는 관심과 애정이 가득하다. 더욱이 선생은 "어떤 문제든 해답은 있다. 아무리 힘들어도 축복은 있다. 모든 비바람이 그친 뒤 날은 개고 햇빛이 반짝인다"고도 말했다. 이 책은 해답과 축복과 햇빛을 제공한다.

　마지막으로 '인간의 3월이 꽃향기가 다하자 산사의 복숭아가 만개하기 시작하네' 라는 말로 이 책 출간에 대한 충심의 감회를 대변하고 싶다. 이 책의 내용을 하나씩 실천하면 공급과잉 세계에 대처할 대응책을 찾을 수 있으리라 굳게 믿는다. 동아시아 경제의 전환을 재촉하여 끊임없이 이어지는 미래 비즈니스의 모델을 발견할 수 있으며 결국에는 실업문제의 효과적인 대책을 찾게 될 것이다. 또한 창업형 사회의 찬란한 미래로 나아가기 위한 준비도 잘해야 한다.

중국인 창조회사는 원스렌 선생이 창업한 기업으로 이 방향으로 매진하고 있다. "빈곤퇴치 자체가 방대한 비즈니스 모델이다"라는 것이 원스렌 선생의 굳건한 신념이다. "천만 가지의 새 일자리를 만들어 사람들이 자신의 능력을 마음껏 발휘하고 입신양명하도록 한다"는 것은 중국인 창조회사에 대한 원 선생의 오랜 바람이다. 신념과 기대를 어떻게 구체적인 행동으로 전환하느냐는 우리가 노력해야 할 일이다.

공급과잉쇼크

지은이 | 윈스렌
옮긴이 | 안유옥
펴낸이 | 김경태
펴낸곳 | 한국경제신문 한경BP

제1판 1쇄 발행 | 2005년 6월 5일
제1판 2쇄 발행 | 2005년 6월 15일

주소 | 서울특별시 중구 중림동 441
기획출판팀 | 3604-553~6
영업마케팅팀 | 3604-561~2, 595 FAX | 3604-599
홈페이지 | http://bp.hankyung.com
전자우편 | bp@hankyung.com
등록 | 제 2-315(1967. 5. 15)

ISBN 89-475-2531-6
값 12,000원

파본이나 잘못된 책은 바꿔 드립니다.